스탠드펌

지은이 스벤 브링크만 Svend Brinkmann

1975년 덴마크에서 태어나 덴마크 오르후스 대학교에서 철학 학사, 심리학 박사 학위를 취득했다. 알보그 대학교 심리학 교수로 있으면서 생활의 스트레스를 진단하고 현대인의 삶의 질을 높이는 문제를 다뤄왔다. 자기계발의 상술을 비판하며 속도와 효율만을 중시하는 가속화 사회에 경종을 울린 『스탠드펌』은 영국과 노르웨이, 스웨덴 등 여러 나라에 번역 출간되었고, 덴마크에서만 8만 부가 판매되며 출간 즉시 베스트셀러가 되었다.

그때까지 비교적 평범하고 조용한 삶을 살고 있던 저자는 이 책으로 미디어의 주목을 받으며 문화 비평가로의 입지를 다졌다. 또한 『스탠드펌』에서 심리적, 철학적 통찰력을 바탕으로 시대정신에 관한 이야기를 대중이 이해하기 쉽게 풀어낸 공로를 인정받아 2015년 로젱크예르상을 수상했으며, 이를 계기로 진행된 여섯 번의 라디오 강연이 『Standpoints(관점)』로 출간되었다. 이후 집필활동뿐 아니라 현대인의 삶에 놓인 굵직한 문제들을 다루는 강연과 SNS를 통해 대중과 적극적으로 소통하고 있다.

저자 SNS ∣ www.facebook.com/svendbrinkmann

옮긴이 강경이

대학에서 영어교육을, 대학원에서 비교문학을 공부했다. 좋은 책을 발굴하고 소개하는 번역 공동체 모임인 펍협번역그룹 회원으로 활동하고 있다. 옮긴 책으로는 『왜 그렇게 쓰면 안 되나요?』, 『프랑스식 사랑의 역사』, 『잠 못 드는 고통에 관하여』, 『과식의 심리학』, 『천천히, 스미는』, 『그들이 사는 마을』, 『프로이트의 말실수』, 『그리스의 끝, 마니』 등이 있다.

Stå fast – Et opgør med tidens udviklingstvang
by Svend Brinkmann
© Svend Brinkmann & Gyldendal, Copenhagen 2014
Korean Translation Copyright © 2017 by Dasan Books Co., Ltd.
All rights reserved.
The Korean language edition is published by arrangement with
Gyldendal Group Agency, Copenhagen through MOMO Agency

Stand
Firm

시류에 휩쓸리지 않고 굳건히 서 있는 삶

스탠드펌

스벤 브링크만 지음 | 강경이 옮김

다산
초당

우리가 스토아주의에
귀를 기울여야 할 이유

하늘은 서로 돕는 자를 돌본다

나는 초등학교 때부터 자기계발서를 읽었다. 『거대한 사기극』을 읽어보신 분이라면, 내가 자기계발에 대해 공부한 분량과 범위를 충분히 짐작할 수 있을 게다. 읽은 대로 쓴다고 치면 아마 자기계발 진영의 꿈나무로 나서야 했을 것이다. 그러나 나는 자기계발서의 계보에 몇 권을 추가하는 대신에 자기계발을 비판하는 일련의 책들을 썼다. 자기계발서를 탐독한 결과로 이번 삶이 망했기 때문이다(꿈이 커진 만큼 삶이 쪼그라든다).

혹자는 이렇게 간증(!)할 것이다. 자기는 자기계발서를 읽고, 외제차를 샀다고. 물론 개천에서도 성공할 수는 있다. 이 세상에는 공부가 가장 쉬웠다는 분도 계신다. 그러나 소수의 성공으로 다수의 좌절을 은폐하면 곤란하다. 체제 유지를 위해서 청춘을 갈아 넣으면서 아프니까 청춘이라고 다독이면 안 된다. 그들도 누군가의 귀한 자식이다. 취업을 위해 영혼을 팔게 만들면 안 된다. 물론 회사가 이딴 걸 사줄 리 만무하다.

사회가 문제인데, 자기 내면에서 해법을 찾을 수는 없다. 어둔 곳에 떨어트린 지갑을 가로등 불빛 아래서 찾는 격이다. 스스로 돕는 이만 도와주는 그런 야박한 하늘을 믿지 말라. 심신이 박약한 이는 어쩌란 말인가. 만인이 만인에게 늑대가 되는 무한경쟁 사회의 종국은 공멸이다. 생존을 위한 전제는 함께 가는 것이다. 그래서 나는 자기계발self-help 대신에 서로계발each other-help을 말한다. 하늘은 서로 돕는 자를 돕는다.

사회 변혁의 전제는 자기 배려

하지만 서로계발의 전제는 자신의 변혁이다. 사회 변혁은 나부터 시작되어야 한다. 내가 먼저 남을 돌볼 수 있어야 한다. 그러기 위해서는 남을 돌아볼 만큼 내면의 그릇을 키워야 한다. 프랑스의 진보적인 철학자 미셸 푸코가 자기 배려의 미학을 말하는 맥락도 이에 직결된다. 여기가 로도스다(물론 텔로스, 즉 목표가 되면 곤란하다). 나의 성공을 추구하는 자기계발이 아니라, 나의 품성을 함양하는 자기배려에서 시작해야 한다.

바로 이 지점이 내가 스벤 브링크만의 『스탠드펌 Stand Firm』을 읽고 공감하는 이유다. 자기배려의 핵심은 자기 수용과 현실 인식이다. 있는 그대로의 자신과 자신이 처한 현실을 인정할 수 있어야 한다. 자기계발은 자아와 현실을 성공의 대가로 치른다. 그것이 성실의 능력을 믿는 '노오력'(가령 1만 시간의 법칙)이건, 상상의 능력을 믿는 시크릿(가령 바라봄의 법칙)이건 동일하게 자기를 학대하고, 현실을 부정한다.

자기계발에 중독된 이들은 신비주의자다. (있는 그대로의 자신을 받아들이지 않고) 내면에 숨겨진 참된 자아를 확신하고, (있는 그대로의 현실을 인정하지 않고) 혼탁하게 어그러진 현실 속에서 애써 긍정의 차원을 찾아내기 때문이다. 스벤 브링크만은 현실주의자다. 즉 우리에게 주어진 현실을 인정하고 거기에서 시작할 것을 권고한다. 더 이상 내면의 참된 자아와 참된 욕망(진정 하고 싶은 것)을 찾느라 애쓰지 말라는 것이다.

현실과의 조우

설혹 내면의 목소리를 듣는다고 쳐도 그게 옳다는 보장도 없다. 참된 자아를 발견한 결과로 연쇄살인마가 되는 것보다 차라리 위선적인 성자가 되어 세상의 고통에 연대하는 편이 낫다는 것이다. 그러니 바깥의 존재(세상)로 눈을 돌리고, 내면의 느낌을 통제하라고 브링크만은 말한다. 다시 말해서 식사량을 줄이거나 얇게 입거나 차를 놔두고 좀 더 걷는 등으로 약간의 불편을 감수하며, 현실과 조우하라는 것이다.

고대철학에서 말하는 자기 배려는 참된 자기 발견과 내면의 느낌에 따른 결과로 얻는 자기계발식의 행복이 아니다. 그보다는 현실 속에서 인간답게 사는 것이다. 힘이 들면 투덜대고, 나아가 어떤 것은 거절하며, 그러나 약간의 불편은 감수하는 가운데 윤리와 가치와 문화에 맞춰가라는 것이다. 또한 감정을 통제하고, 코치에 기대지 말고, 소설을 읽고, 과거를 돌아보라고 충고한다. 이게 자기계발에 반하여 내세운 그의 대안이다.

브링크만의 여러 조언 가운데 한 달에 한 권씩 소설을 읽으라는 대목이 특히 눈길을 끈다. 소설은 자서전과 대척점에 선다. 좋은 책과 자기계발서의 차이점 중 하나로 어떤 이야기를 들려주느냐를 들 수 있다. 내가 『거대한 사기극』에서 다루었듯이 자서전은 고난에서 긍정으로, 또 열정이 성공으로 관철되는 단선적 서사를 통해 도식적인 모범을 제시한다. 반면 소설은 삶의 복잡한 면모를 드러내는 서사를 통해 독자가 삶을 바로 보게 해준다.

스토아주의의 유산

나는 브링크만 교수의 문제의식에 전적으로 공감하며, 그의 해법에 대체로 동의한다. 브링크만의 해법을 떠받치는 철학은 스토아학파의 사상이다. 금욕과 "마음의 평화를 찬양하는" 것으로 널리 알려져 있는 스토아학파의 철학 체계를 원래 맥락에 맞게 소개하기보다는 지금 맥락에 따라 특정한 윤리학적 기예를 발췌하여 적용한다(스토아학파의 자연학과 논리학은 오래 전에 쇠락했으나, 윤리학의 유산은 여전히 살아있다).

스토아주의 철학은 고대 희랍 철학의 본질을 잘 보여준다. 곧 올바른 덕과 이성을 함양하기 위한 훈련이다. 희랍철학은 학문 탐구로서의 측면도 중요하지만, 근본적으로 올바른 덕을 구현하는 삶의 방식으로서의 측면이 더 강하다. 스토아주의자들은 덕에 부합하는 삶, 조화로운 삶, 자연에 부합하는 삶을 추구한다. 그들에게 행복한 삶은 곧 도덕적인 삶이다. 브링크만이 제안하는 기법들은 모두 이런 맥락에서 도출된 것들이다.

스토아학파에 따르면, 자연과의 조화를 이루어 살아가는 것이 중요하다. 동물은 그저 충동에 따르지만, 충동에 더해 이성을 가지고 있는 인간은 덕(이성)에 따라야 한다. 자연에 따르는 삶은 바로 이성에 따르는 삶이다. 각자의 개성은 보편적 속성에 종속시켜야 한다. 모든 개인은 세계의 극히 작은 일부에 불과하다. 이러한 스토아학파의 견지에 비추어보면, 자기 숭배와 자기 확신을 버리라고 조언하는 브링크만의 입장이 옳다.

개인 대응을 위한 매뉴얼

이처럼 브링크만은 스토아적 윤리학의 통찰을 자기계발을 강요하는 우리 시대의 맥락에 맞춰서 명민하게 활용한다. 하나 브링크만의 스토아적 해법은 기본적으로 개인주의에 머무른다. 즉 현실 문제라는 증상에 대한 개인의 해법이다. 그 또한 이를 잘 알고 있기에, 『스탠드펌』은 어디까지나 더 큰 논의의 일부로써 활용되어야 하며, 당면한 문제를 근본적으로 해결하려면 정치 사회적으로 접근해야 한다고 인정한다.

미 해군장교였던 제임스 스톡데일James Stockdale이 7년간의 베트남 포로생활을 버틸 수 있었던 비결은 그가 참전하기 전에 읽었던 스토아주의 사상가인 에픽테토스의 가르침에 있다. 자기계발이 약속하는 성공을 포함한 바깥 상황은 우리의 선택과 무관하고, 오직 우리의 품성(생각과 의지)만이 우리 자신에게 달린 것이다. 자신의 역량과 과업의 경계를 명확하게 파악한 덕분에 그는 인간으로서의 존엄을 잃지 않고, 무사히 생환하게 되었다.

스토아주의적 신념은 제임스 스톡데일이 잔혹한 환경에서 버텨내도록 도와준 것처럼, 자기계발을 강요하는 사회 속에서 허우적대는 우리에게 자기계발 대신에 진정한 자기 배려를 할 수 있도록 이끌어주고, 사회 안전망을 다시 세우기 위한 사회변혁으로의 첫걸음을 내딛게 도와준다. 그런 의미에서 『스탠드펌』은 만인이 만인에게 늑대처럼 대하게 만드는 헬조선에서 살아남기 위한 개인적 대응 매뉴얼이라 할 수 있다.

이원석(『거대한 사기극』 저자)

불완전한 인간으로
존엄하게 살기

자기계발과 자기향상, 자아실현을 다룬 책이 엄청나게 쏟아진다. 해마다 수천만 부가 팔리며 교육계와 기업계 어디서든 자기계발 철학자들의 목소리를 들을 수 있다.[1] 삶은 끊임없이 유동하고 달라지는 가운데, 우리는 이 거친 바다를 뚫고 우리를 안전하게 이끌어주겠다는 수많은 코치와 심리치료사, 라이프스타일 상담자들에게 언제든 손을 뻗을 수 있다.

이 책은 이런 자기계발 문화에 반대하는 목소리를 내기 위해 쓰였다. 간단히 말해 이 책은 자기를 계발하는 법이 아니라 자기 자리에 단단히 서 있는 법을 고민한다. 자기를 찾는 법이 아니라 존엄하게 살아가는 법을 고민한다.

이 책은 우선 긍정적 사고가 아니라 부정적 사고를 추천한다. 이 책은 7가지 성공 습관이나 영성, U-이론 같은 대중철학이 아니라 고대 로마에서 노예(에픽테토스)와 황제(마르쿠스 아우렐리우스)가 발전시킨, 진지한 (그러나 결코 지루하지 않은) 스토아 철학으로부터 영감을 얻었다. 처음에는 조금 이상하게 들릴지도 모른다. 그러나 조금만 참고 읽어보기를 권한다.

이 책을 출판한 리세 네스텔쇠와 안네 베인코프에게 고마움을 전한다. 이 책은 길덴달 비즈니스의 기존 책들과 성격이 많이 다른데, 이 점이 바로 길덴달 비즈니스에서 이 책을 출판하는 게 적절하다고 생각한 이유다. 나를 믿고 신뢰해준 두 사람에게 감사한다. 출판을 준비하는 내내 즐거웠다. 안네 베인코프는 내 이야기를 잘 들어주고 독자로 편집자로 무척 많은 도움을 주었다. 또한 소중한 논평을 해준 아네르스 페테르슨, 에스테르 홀테 코포드, 라스무스 비르크에게도 감사한다.

차 례

추천사 | 우리가 스토아주의에 귀를 기울여야 할 이유_이원석 004
책머리에 | 불완전한 인간으로 존엄하게 살기 012

프롤로그 | 추월차선을 달리는 삶 018

1장 멈추다

내 안에 답 없다 043 | 진실한 가면 046 | 자아실현
이냐, 존엄한 삶이냐 052 | 모순 기계 056
— 멈추는 기술 062

2장 바라보다

삶을 위해 죽음을 생각하라 071 | 긍정 파시즘 075
| 작고 현실적인 꿈 079 | 내 탓이 아니다 082 | 투
덜댈 자유 084 | 그냥 살아내라 087
— 바라보는 기술 090

3장 거절하다

"아니요"라고 말하기 099 ┃ 숨 막히는 예스 문화
102 ┃ 위험사회의 해독제, 의심 109
— 거절하는 기술 118

4장 참다

감정 조절 능력 125 ┃ 기분 사세요! 129 ┃ 감정을
디딤돌로 삼으면 137
— 참아내는 기술 144

5장 홀로 서다

코치와 헤어지기 151 ㅣ 코칭 만능주의 153 ㅣ 어처
구니없는 성공 157 ㅣ 우정은 결제할 수 없다 162
— 홀로서기의 기술 166

6장 읽다

소설을 읽는 시간 175 ㅣ 유행하는 착각들 178 ㅣ 자
기의 테크놀로지, 소설 182 ㅣ 환상 없이 환상적인
문학 188
— 읽기의 기술 194

7장 **돌아보다**

지난날을 돌아볼 줄 아는 존재 201 ㅣ 양심과 의무는 시간을 관통한다 207
— 돌아보기의 기술 214

에필로그 ㅣ 흐름에 역행하는 용기 220

부록 ㅣ 스토아 철학 228
옮긴이의 글 ㅣ 우리가 자기계발과 맞바꾼 것들 248
본문의 주 252

추월차선을
달리는 삶

삶의 속도가 가속화되는 듯하다. 나를 비롯한 대다수 사람들이 요즘 모든 것이 점점 더 빨리 움직인다고 생각한다. 새로운 기술이 끊임없이 쏟아지고 직장에서는 조직 개편이 되풀이되며 새로운 음식과 패션, 기적의 치료법이 쉴 새 없이 뜨고 진다. 요즘은 스마트폰을 새로 사자마자 최신 앱을 설치하기 위해 업그레이드부터 해야 한다. 직장에서 쓰는 IT 시스템은 익숙해지기도 전에 새로운 버전이 설치된다. 까다로운 직장 동료를 참고 지내는 방법을 막 터득할 때쯤 조직 개편으로 완전히 바뀐 새 팀에 다시 적응해야 한다. 우리는 '학습하는 조직learning organization(학습조직 이론의 창시자 피터 센게가 고안한 경영 용어로, 조직 구성원들의 끊임없는 학습을 통해 지식을 창출하고 공유함으로써 적응력과 경쟁력을 키워가는 조직-옮긴이)'에서 일한다. 이 조직에서 유일하게 변함없는 상수는 '끝없는 변화'뿐이다. 우리가 장담할 수 있는 것이라고는 어제 배운 것이 내일이면 구식이 되리라는 것밖에 없다. 교육계와 기업을 비롯한 여러 분야에서 평생학습과 능력개발이 가장 중요한 개념이 되었다.

사회학자들은 모든 것이 끊임없이 변화하는 우리 시대를 설명하기 위해 '유동하는 근대(또는 액체근대)liquid modernity' 같은 은유를 쓴다.[1] 무엇보다 '시간'이 유동한다. 시간의 모든 한계가 삭제된 듯하다. 왜 그런지는 아무도 모른다. 우리가 어디로 가는지도 아무도 모른다. 세계화란, 더 구체적으로 말해 '세계화가 제기한 위협'이란, 끊임없는 변화를 피할 수 없게 된 상황을 뜻한다고 말하는 사람도 있다. 기업은 변화하는 수요와 기준에 발맞추어야 하고, 따라서 직원들은 변화에 유연하고 민감하게 대처해야한다. 적어도 지난 20년간 구인광고가 되풀이한 닳고 닳은 표현은 이것이다. "유연하고 적응력 있으며 전문성 개발과 자기계발에 열린 인재를 찾습니다." 다른 사람이 모두 앞으로 갈 때 자신의 자리에 그대로 서 있는 사람은 뒤처진다. 그것은 거꾸로 가는 것과 같다. 이제 그 자리에 머무는 것은 최악의 범죄가 되었다.

'유연한 자본주의flexible capitalism', '포스트포디즘post-Fordism', '소비자 사회'라고도 불리는 '유동하는 근대'의 제1법칙은 무엇이든 '따라가야' 한다는 것이다.[2] 그러나 모든 것이 끊임없이 빨라지는 가속화 문화에서 뭔가를 따라가기란 점점 힘들어진다. 우리는 이제 1970년보다 하룻밤에 평균 30분을 덜 자며, 19세기와 비교하면 최대 2시간 덜 잔다.[3] 삶의 거의 모든 면에서 속도가 빨라졌다. 직업을 바꾸는 것부터 글을 쓰거나 식사 준비에 이르기까지 모든 일의 속도가 빨라지고 있다. 패스트푸드, 스피드 데이트speed-dating, 파워 낮잠power nap, 속성 치료가 흔히 입에 오르내린다. 얼마 전 나는 스프리츠Spritz라는 앱을 시험 삼아 써봤다. 한 번에 한 단어씩만 보여주는 앱으로, 1분당 독서 속도를 250단어에서 500~600단어까지 끌어올려준다. 소설 한 권을 두 시간 만에 뚝딱 읽을 수 있는 세상이 됐다! 그런데 그게 문학을 더 잘 이해하는 데 도움이 될까?

빠른 변화를 비판적으로 보는 사람들은 요즘 변화의 속도가 워낙 빠르다 보니 자신의 활동에서 스스로가 소외되며, 언제나 시간이 부족하다고 느낀다고 지적한다. 이론상으로 기술 진보는 시간의 제약으로부터 인간을 해방시켜야 한다. 우리는 아이들과 놀러 다니거나 도자기를 만들거나 정치문제를 토론할 시간이 있어야 한다. 하지만 현실은 그 반대다. 우리는 해방된 시간(이를테면 반복되는 허드렛일로부터, 또는 이제는 제3세계에 위탁하거나 자동화한 조립라인 노동으로부터 해방된 시간)을 새로운 프로젝트에 쏟아 부으며 안 그래도 빽빽한 다이어리를 꼭꼭 채우고 있다.

왜 속도가 그 자체로 목적이 되었을까? 세속화된 세상을 살아가는 우리 현대인들은 삶이라는 긴 막대의 끄트머리에 영원한 천국이라는 당근이 있다고는 생각하지 않는다. 대신에 우리는 이 지상에 머무는 비교적 짧은 시간에 할 수 있는 한 많은 것을 채워 넣으려 애쓴다. 물론 이는 실패할 수밖에 없는, 헛된 노력이다. 현대에 유행병처럼 번진 우울과 소진(번아웃burn out)은 감당할 수 없을 정도로 속도가 빨라지는 문화 때문에 생겼는지도 모른다. 성장에 미친 듯이 몰두하는 문화에서 속도를 늦추는 사람, 더 빨리 가는 대신에 더 천천히 가는 사람, 혹은 가던 길을 아예 멈춰버린 사람은 설 자리가 없어 보인다. 어쩌면 병든 사람으로 여겨질지도 모른다. 이를테면 우울증 진단을 받을지도 모를 일이다.[4]

끊임없이 빨라지는 문화를 우리는 어떻게 따라갈까? '따라간다'는 말에는 끊임없이 적응할 마음, 자기계발과 전문성 개발에 계속 매달릴 마음이 있다는 뜻이 들어 있다. 평생학습에 회의적인 사람들은 평생학습을 '공부하다 죽기'라고 말한다(사실, 자기계발 컨설턴트가 좋은 뜻으로 제안하는 끝없는 교육과정은 많은 사람에게 일종의 고문, 심지어 지옥처럼 보인다). 요즘 학습하는 조직의 특징은 수평적 경영 구조와 책임 위임, 자율적 팀 운영이다. 일과 사생활의 경계가 흐릿하거나 아예 없는 것도 한 가지 특징이다. 이런 조직에서 가장 중요하게 여기는 것은 우리의 개인적, 사회적, 정서적 능력과 학습 능력이다. 상사가 권위적으로 명령을 내리지 않으므로 우리는 다른 사람과 협상하고 함께 일하며 우리 내면의 느낌에 따라 결정을 내려야 한다. 요즘 세상에서 이상적인 직원은 자신을 능력 저장고로 보며, 그 저장고를 감독하고 개발하여 최대한 활용하는 것을 자기 책임으로 여기는 사람이다.

요즘 회사와 조직은 예전에는 개인적인 영역으로 여기던 온갖 인간관계와 활동을 직원의 능력개발을 위한 도구로 끌어다 쓴다. 이제 감성과 개성마저 자기계발의 도구가 되었다. 만약 당신이 이 사회의 빠른 속도를 견디지 못한다면, 또는 너무 느리거나, 활기가 부족하거나, 주저앉아 있다면 코칭, 스트레스 관리, 마음챙김 명상, 긍정적 사고 같은 치료법을 처방받게 될 것이다.

우리는 모두 "지금 이 순간을 살아라"라는 조언을 듣는다. 사실, 우리를 둘러싼 모든 것이 점점 더 빨리 움직이는 세상에서 방향과 시간 감각을 잃기는 더욱 쉽다. 과거를 생각하는 일은 퇴행으로 여겨진다. 한편, 미래는 뚜렷하고 일관된 삶의 궤도에 있다기보다는 단편적인 가상의 순간들로 보일 뿐이다. 온 세상이 짧은 순간에 이렇게 집중하는데 우리가 긴 시간을 위한 계획을 세울 수 있을까? 그런 계획을 세워보려고나 할까? 어차피 모두 또 달라질 텐데 왜 계획 같은 것에 신경을 써야 할까? 그래도 당신이 굳이 장기적인 이상과 변함없는 목적과 가치에 매달린다면 아마 까칠하고 답답한 사람이라는 소리를 들을 것이다. 자기계발 컨설턴트들이 잘 쓰는 표현대로 '변화의 적'으로 낙인찍힐 것이다.

우리는 투덜대는 소리를 더 이상 듣고 싶지 않다. 부루퉁한 얼굴도 더 이상 보고 싶지 않다. 비판은 억눌러야 한다. 비판은 부정적 생각의 근원이다. "긍정적으로 생각하라. 그리고 해결책을 찾아라." 이것이 우리 시대가 되뇌는 주문이다. 아무 소리 말고 '우리가 잘하는 일을 열심히 할 때' 성공한다는 걸 다들 알고 있지 않나?

유동적인 삶 vs. 뿌리내리는 삶

가속화 사회에서는 유동성mobility이 안정성stability을 이긴다. 발빠르게 움직여야 한다. '액체' 같아야 하고 변화할 수 있어야 한다. 다양한 장단에 맞춰 춤출 줄 알아야 하며 언제든, 어디로든 흘러갈 수 있어야 한다. 안정성과 뿌리는 그 반대를 뜻한다. 한 자리에 굳건히 있는 것이다. 꽃줄기처럼 유연하게 휠 수는 있지만 뿌리째 뽑아 옮기는 일은 그만큼 쉽지 않은 삶을 뜻한다.

그러나 가속화 사회에서도 '뿌리를 내린다putting down roots'라는 표현은 (살짝 예스럽게 느껴지긴 하지만) 여전히 긍정적 어감을 지니고 있다. 뿌리를 내리는 것은 가족, 친구, 공동체를 포함한 다른 사람들이나 이상, 장소, 어쩌면 우리가 충성심을 느끼는 직장에 연결되는 일이다. 요즘에는 이 표현의 부정적 의미 때문에 긍정적 어감이 종종 약해지기도 한다. 통계로 봐도 뿌리를 내리는 사람이 점점 줄고 있다. 우리는 지난 세대보다 직장과 거주지를 더 자주 옮기고 배우자를 더 자주 바꾼다. 요즘에는 '뿌리를 내린다'보다 '매여 있다'는 표현이 많이 쓰이는데 이는 결코 긍정적인 의미가 아니다. "이제 그 직업에 딱 맞는 사람이 되었구나" 같은 말도 딱히 긍정적으로 여겨지지 않는다.

이런 현상은 광고에서 뚜렷이 볼 수 있다. 광고는 자본주의의 시詩이다. 사회의 잠재의식과 상징구조를 드러낸다. 몇 년 전 인터콘티넨털 호텔은 이런 광고를 냈다. "모두 둘러보기 전까지는 마음에 드는 곳을 정할 수 없습니다." 이 문구 옆에는 열대지방의 섬을 찍은 사진과 함께 이런 질문이 있었다. "당신은 인터콘티넨털 라이프를 살고 있습니까?" 달리 말해 모든 곳에 가 보기 전에는 어느 특정 장소와 '연결된' 느낌을 맛볼 수 없다는 말이다. 이런 삶은 유동적인 삶의 극단에 가깝다. 한 곳에 매여 있는 삶은 세상의 다른 근사한 장소들로부터 단절된 삶이 된다. 삶의 다른 면에 이 메시지를 대입해보라. 비교적 널리 퍼진 이 메시지가 얼마나 터무니없는 소리인지 알게 될 것이다. 모든 직업을 다 시도해볼 때까지는 좋아하는 '직업'을 찾을 수 없다. 지금 하는 일 말고 다른 일이 개인적인 성장에 더 도움이 될지 누가 알겠는가? 또 모든 잠재적 상대를 '시험' 해볼 때까지는 좋아하는 '배우자'를 찾을 수 없다. 지금 같이 사는 배우자보다 다른 배우자가 내 삶을 더 풍요롭게 만들지 누가 알겠는가?

유동적인 삶을 선호하는 21세기의 사람들은 연인과 배우자, 친구를 비롯해 다른 사람들과 안정적인 관계를 지속하는 데 어려움을 겪는다. 대체로 요즘 사람들은 이런 타인과의 관계를 순수한 관계라 부른다. 곧, 감정에만 바탕을 둔 관계다.[5] 순수한 관계에는 아무런 외적인 기준도, 경제적 안정과 같은 실용적인 이유도 없다. 타인과 소통할 때 어떤 정서적 효과가 일어나느냐와 관련이 있을 뿐이다. 배우자와 함께 있을 때 '최고 버전의 나'로 있을 수 있다면 괜찮은 관계다. 그렇지 않다면 괜찮은 관계가 아니다. 우리는 이제 인간관계를 일시적이며 대체 가능한 것으로 생각한다. 다른 사람을 한 개인으로 보기보다는 우리의 개인적인 성장을 돕는 도구로 본다.

이 책은 요즘 뿌리를 내리는 삶, 곧 안정적인 삶을 살기가 어렵다는 전제에 기반을 둔다. 우리 모두가 유동성에, 앞으로 내달리는 일에 사로잡혀 있다. 가까운 미래에는 아마 이런 삶을 어쩌지 못할 것이다. 그렇다고 친족과 계급, 성性 같은 경직된 속성에 지배되던 상태로 돌아가는 게 바람직하다는 말이 아니다. 유동하는 근대가 그런 구속으로부터 사람들을 해방시키는 능력에는 분명 특별하고 인간적인 면이 있다. 물론 제한된 해방이긴 하다. 현대의 평등한 복지국가에서도 성과 계급은 분명 한 개인의 가능성을 재단하는 데 여전히 중요한 요소로 작용한다.

안타깝게도 많은 사람이 자신들은 '무엇이든 할 수 있다'고 믿는다. 특히 젊은이들은 '무엇이든 할 수 있다'는 말에 솔깃하기 쉽다. 이렇게 무엇이든 해낼 수 있다고 믿다 보니 어떤 일을 해내지 못할 때는 당연히 자책하게 된다. 당신이 무슨 일이든 할 수 있는 사람인데 일이나 사랑(프로이트에게 '일과 사랑'은 두 가지 가장 중요한 삶의 무대다)에 실패한다면 그건 당연히 당신의 책임이다. 곧, 모든 실패의 원인이 개인으로 수렴한다. 그러니 이런 실패가 자기 잘못이 아니라고 해명하기 위해 정신의학 진단을 받으려는 사람들이 많아지는 게 당연하다.[6]

또 다른 시적인 광고 문구로는 거대 제약회사 글락소스미스클라인의 광고가 있다. 글락소스미스클라인은 '해피 필happy pill'이라고도 불리는 항우울제 팩실 같은 약품을 만드는 곳인데 "더 많은 것을 하며, 더 기분 좋게, 더 오래 살라"고 광고한다. 이는 가속화 문화가 매달리는 중요한 목표다. 글락소스미스클라인은 이런 목표를 이루도록 향정신성 약물로 도움을 주겠다고 한다. 더 많은 것을 하도록(무엇이든 관계없이?), 더 기분 좋게(무엇이 감정을 자극하든 상관없이?), 더 오래 살도록(연장된 삶의 질이 좋든 말든?) 말이다.

가속화 문화에서 우리는 더 많이 하되, 더 잘 해야 하고, 더 오래 해야 한다. 우리가 하는 일의 내용이나 의미는 거의 중요치 않다. 자기계발은 이제 목적이 되었다. 그리고 모든 것이 자아를 중심으로 돌아간다. 폴란드 출신의 사회학자 지그문트 바우만Zygmunt Bauman이 '전 지구적인 회오리a global whirlwind'라 묘사한 이 세상에서 무방비 상태에 있다고 생각할 때 우리는 자아에 더 집중하게 된다. 그렇게 함으로써 딱하게도 한층 더 심한 무방비 상태에 빠진다.[7] 악순환이 시작된다. 불확실한 세상을 지배하기 위해 우리는 내면에 몰두하고 우리가 내면에 몰두하며 고립될수록 세상은 점점 더 불확실해진다.

당신이 발 디딜 곳을 찾아라

유동성이 현대 문화의 핵심이고, 뿌리를 내리는 일이 어렵다면, 우리는 무엇을 '할 수 있을까?' 요즘 사람들의 어깨를 내리누르는 부담스러운 자기계발에 하나를 더 추가할지 모른다는 위험을 무릅쓰고 나는 '굳건히 서 있는 법stand firm'을 배워야 한다고, 어쩌면 늦기 전에 당신이 발 디딜 곳을 찾으라고 주장하고 싶다. 생각보다 힘든 일이다. 우리는 개발, 변화, 변신, 혁신, 학습 같은 가속화 문화를 끌고 가는 온갖 역동적 개념에 에워싸여 있다. 단단히 서 있고 싶지 않은 사람도 있을 것이다. 이런 가속화 문화에서 문제없이 잘 지내는 사람은 굳이 단단히 서 있고 싶지 않을지 모른다. 그러나 시간이 흐르면 그들도 존엄을 잃고 삶의 중요한 면을 놓칠 각오를 해야 할 것이다. 하지만 어쨌든 나는 그들의 취향을 인정하겠다. 이 책은 그런 사람들을 위한 책이 아니라 발 딛고 서 있고 싶지만 그러고 싶다고 말하지 못하는 사람들을 위한 책이다. 혹은 발 딛고 설 곳을 찾으려고 노력하다가 융통성이 없다거나 까칠하다거나 보수적이라는 평가만 들었던 사람들을 위한 책이다.

세속적인 우리 시대는 근본적인 실존적 불확실성과 불안이 팽배하다. 그래서 단단히 서 있기가 힘들다. 그렇다 보니 온갖 상담과 치료법, 코칭, 마음챙김, 긍정의 심리학,

일반적인 자기계발의 쉬운 표적이 되고 만다. 다이어트와 건강관리, 운동 같은 분야에서 유사종교가 등장해 따라야 할 새로운 칙령과 지켜야 할 규범을 끊임없이 쏟아낸다. 한동안 혈액형에 따라 식단을 짜야 한다는 소리를 듣다가, 얼마 뒤에는 구석기 선조들처럼 먹어야 한다는 주장을 듣는다. 우리는 목적도 방향도 없이 행복과 발전, 성공을 보장한다는 최신 비법을 찾아 두리번거린다(여기에는 물론 나도 포함된다).

심리학적 관점에서 보자면 이런 행동은 집단적 의존증과 비슷하다. 칼 세데르스트룀Carl Cederström과 앙드레 스파이서André Spicer는 이를 웰니스 신드롬Wellness Syndrome이라 부른다.[8] 담배와 알코올에 중독된 사람도 있지만(그나마 이들은 점점 줄고 있다) 점점 더 많은 사람이 라이프스타일 멘토, 자기계발 강사, 건강 전문가의 충고에 의존하고 있다. 다양한 코치와 치료사, 자기계발 전문가, 긍정 컨설턴트가 등장해 가속화 사회에 맞춰 우리의 변화와 변신을 돕겠다고 한다. 수없이 많은 자기계발서와 7단계 안내서들이 쏟아져나와 자기계발을 응원하고 격려한다. 베스트셀러 목록을 한번 훑어보라. 음식과 건강에 대한 책과 자기계발서, 유명인의 자서전이 언제나 들어 있을 것이다.

그래서 나는 이 책을 7단계 안내서를 흉내 내서 썼다. 그렇게 함으로써 가속화 문화에 널리 퍼진 긍정성과 개발에 관한 일반적 생각을 뒤엎고 싶었다. 독자들이 요즘 우리 사회에 퍼진 시대정신의 문제가 무엇인지를 자신의 삶속에서 깨닫게 되기를 바란다. 그리고 어쩌면 끊임없이 개발과 변화를 권하는 모든 표현을 되받아칠 어휘를 익힐 수 있기를 바란다.

이 책이 일종의 안티-자기계발서가 되어서 사람들이 자기 삶에 대해 생각하는 방식과 살아가는 방식을 바꾸도록 격려할 수 있으면 좋겠다. 나는 가속화 문화에서 생존하는 법, 단단히 서 있는 법을 배우기 위해서 고대 스토아 철학으로 눈을 돌려야 한다고 주장한다. 특히 스토아 철학이 강조하는 자기통제, 마음의 평화, 존엄, 의무, 삶의 유한한 본성에 대한 성찰은 우리에게 혜안을 준다. 스토아 철학의 덕목들은 끝없는 변화와 발전을 얄팍하게 강조하기보다는 우리가 삶에서 더 깊은 충만감을 느끼도록 한다. 스토아 철학은 물론 그 자체로도 매력적이며 서양철학의 주춧돌 가운데 하나이지만 이 책에서는 순전히 실용적인 이유로 스토아 철학을 다룬다.

왜 스토아 철학을 다시 꺼내드는가? 나는 스토아 철학을 당대의 맥락에서 정확하게 해석하는 일보다는 스토아 철학에서 '우리' 시대와 우리 시대의 도전에 관련된 부분에 흥미를 느낀다. 따라서 나는 스토아 철학을 선택적으로 사용할 것이다. 왜냐하면 스토아 철학에는 내가 동의하지 않는 면도 분명 있기 때문이다(자세한 설명은 스토아 철학을 다룬 부록을 보라).

나는 고대 그리스에서 유래했고 나중에 세네카Seneca, 에픽테토스Epictetus, 마르쿠스 아우렐리우스Marcus Aurelius, 그리고 일부 키케로Cicero까지 포함되는 로마인들이 대변한 스토아 철학을 소개하려고 이 책을 쓰지는 않았다.[9] 오히려 요즘 우리가 살아가면서 부딪히는 어려움에 대답하기 위해 스토아 철학의 몇몇 부분을 빌리려 한다.

- 요즘에는 긍정적 시각화(당신이 이룰 수 있는 모든 일을 생

각해보라!)를 찬양하지만 스토아 철학자들은 부정적 시각화(예: 당신에게 있는 것을 모두 잃으면 무슨 일이 일어날까?)를 추천한다.

- 요즘에는 기회가 얼마든지 있을 것이라고 조언하지만 스토아 철학자들은 자신의 한계를 인정하고 즐기라고 말한다.

- 요즘에는 감정을 자유롭게 발산하라고 하지만 스토아 철학자들은 자기 절제를 배우고 가끔은 감정을 억제하라고 조언한다.

- 요즘 우리는 죽음을 피해야 할 금기로 여기지만 스토아 철학자들은 매일 자신의 유한한 삶을 생각하며 지금의 삶을 고맙게 여기라고 말한다.

간단히 말해 이 책은 가속화 문화의 자기계발 명령에 말대꾸할 언어를 찾는 독자들을 위한 책이다. 우리가 마주친 생태, 경제, 심리적인 여러 위기들은 대개 끝없는 성장과 문화 전체의 가속화를 부추기는 편협한 철학의 결과다. 스토아 철학이 만병통치약은 아니다. 하지만 끊임없이 개발하고 적응하기보다는 (지금의 당신과 당신이 가진 것을 토대로) 단단히 서서 삶을 살아가는 새로운 방법을 찾도록 영감을 줄 것이다. 보수주의자의 주장처럼 들릴지도 모르겠지만 나는 모든 것이 점점 빨라지는 사회에서는 일종의 보수주의가 사실상 진짜 진보적으로 세상을 보는 관점이라 생각한다. 역설적이게도 굳건히 서 있는 사람이 미래에 잘 대처할 준비가 된 사람이다.

나는 이 책이 사회와 제도의 근본적 문제를 해결하지 못하리라는 것을 너무나 잘 안다. 사회와 제도의 문제를 풀려면 집단적 해결책과 정치적 행동이 필요하다. 그러나 어쩌면 이 책은 나처럼 요즘의 가속화 문화를 불편하게 여기는 독자를 도울 수 있을 것이다. 환한 빛 아래서 냉철히 뜯어보면 어이없고 기괴한 일들이 일어나는 요즘이다. 이 책은 내면에 몰두하는 우리 사회의 개인화에 대한 도전장이다. 하지만 역설적이게도 이 책은 개인화의 증상이기도 하다. 나는 자기계발서에서 흔히 쓰는 7단계 프로젝트를 흉내 내서 그 역설을 강조함으로써 독자들이 가속화 문화의 병폐에 주목할 수 있도록 돕고 싶다. 이 책에 든 사례들은 요즘 널리 퍼진 지혜들이 얼마나 뒤틀리고 문제가 많은지 보여주기 위한 것들이다.

다음에 따라오는 7개의 장은 당신의 발 아래를 찾고 단단하게 서 있기 위해 거쳐야 할 7단계를 설명한다. 이 책의 목표는 독자들이 자기계발과 변화, 치료와 라이프스타일 강사들에 의존하는 삶을 벗어나도록 돕는 것이다. '긍정적으로 생각하기' 같은 프로그램에 참가해본 사람은 이 책이 우리 시대를 지나치게 우울하게 그리고 있다고 생각할지도 모른다. 맞다! 그게 바로 이 책이 말하려는 것이기도 하다. 불평과 비판, 우울, 어쩌면 철저한 우울과 비관주의도 도움이 될지 모른다. 가속화 문화의 밖으로 성큼 걸어 나가는 일에는 분명 부정할 수 없는 즐거움이 있다. 이제까지 반쯤 차 있다고 믿었던 유리잔이 실제로는 반쯤 비어 있음을 깨닫는 일도 즐겁다.

이 책의 7단계를 거치는 동안 독자들은 이런 사실을 스스로 깨닫게 될 것이다. 사람들이 욕망의 기호나 유행, 정복할 목표를 끊임없이 좇아가며 어떻게 햄스터처럼 쳇바퀴를 미친 듯이 뛰고 있는지 관찰하게 될 것이다. 어쩌면 살짝 으스대면서 지켜보게 될지도 모른다. 어쩌면 자신도 얼마나 그런 삶을 살았는지, 그게 얼마나 미성숙하게 삶을 소비하는 방법인지 깨닫게 될 것이다. 물론 어린이와 젊은 이들은 더 발전할 수 있고 유연할 수 있다. 그러나 어른인 우리는 단단히 서 있을 수 있어야 한다.

이 책이 추천하는 부정성negativity에는 우리에게 힘을 주는 심리적 효과가 있다. 하지만 체념이나 권태, 진짜 우울로 이끄는 허무주의적 비관주의로 빠져서는 안 된다. 오히려 부정성은 삶에서 자신의 몫을, 자신의 책임과 의무를 받아들이는 길로 우리를 이끌어야 한다. 스토아 철학자들이 말하듯 삶의 찰나성과 삶에서 피할 수 없는 많은 문제를 성찰하다 보면 우리와 같은 운명을 지닌 타인들(곧, 모든 사람들)에 연대감을 느끼게 된다. 부정성을 생각하다 보면 삶의 문제들을 성찰하며 비판할 시간과 기회가 생긴다. 삶에서 중요한 것에 집중하게 된다. 옳은 일을 하는 것, 바로 당신이 해야 할 일을 하는 것에 집중하게 된다.

이 책의 초고에는 '7단계 안내서를 절대 믿지 마라'는 충고도 있었다. 나는 여전히 이 충고가 훌륭하다고 생각하지만 한 장 전체를 할애하기에는 내용이 빈약했다. 그래서 이 책이 제시하는 7단계는 이렇게 달라졌다.

1. 멈추다: 자기 중독 끊어내기
2. 바라보다: 삶의 부정적인 면 인정하기
3. 거절하다: "아니요"라고 말하기
4. 참다: 감정 다스리기
5. 홀로 서다: 코치와 헤어지기
6. 읽다: 소설 읽기
7. 돌아보다: 의미 있는 일을 반복하기

위의 권고 사항을 각 장의 서두에 제시한 다음, 왜 그렇게 행동하는 것이 옳은지를 설명하고 예를 들었다. 적절할 때마다 스토아 철학자들의 생각을 간략히 소개했고, 그들의 생각이 고속화 문화의 질병에 저항할 면역력을 어떻게 키워줄 수 있는지 보여주려 했다. 또한 군건히 서 있는 데 도움이 될 실용적인 연습도 제안했다. 부록에서는 스토아 철학을 조금 더 깊게 파헤친다. 스토아 철학에 대해서, 그리고 스토아 철학이 현대에 어떤 의미를 지니는지 더 알고 싶은 독자들을 위한 부분이다.

이 책은 물론 독자들이 자기계발서 유형의 책들을 이제 그만 내려놓게 할 목적으로 썼다. 하지만 독자들에게는 한 편으로는 자기계발서처럼 보이기도 하고, 자기계발서로 위장한 문화비평서처럼 보이기도 할 것이다. 어쨌든 이 책의 진정한 목표는 독자가 자기 내면에 지나치게 의존하지 말고 더 균형 잡힌 세계관으로 세상을 살도록 돕는 것이다.

Stand Firm

1장

멈추다

자기를 열심히 들여다볼수록 기분이 나빠질 것이다. 의사들은 이를 건강 역설이라 부른다. 환자들이 병원을 더 많이 찾고 자가진단을 더 많이 할수록 건강이 안 좋아지는 것을 말한다. 많은 자기계발 멘토가 자주 하는 말이 있다. **내면의 느낌대로 결정하라는 말이다.** 그래서는 안 된다. 그건 결코 좋은 생각이 아니다. 자기 분석은 1년에 한 번 여름휴가 기간에 하면 충분하다. 자기 내면을 탐색해서 '자기를 찾을 수 있다'는 생각은 더 위험하다. 이런 일은 **언제나 실망으로 끝나기 마련**이다. 아마 소파에 털썩 주저앉아 몰티저스 초콜릿을 우물우물 먹게 될 것이다.

내 안에
답 없다

자기탐색과 자아 찾기는 요즘 문화에 가장 널리 퍼진 생각들에 속한다. 둘은 똑같지는 않지만 서로 연결돼 있다. 부모와 선생님, 친구 들이 생각하는 내가 아니라 '진짜' 내가 누구인지 알려면 겹겹으로 나를 둘러싼 허위의식을 벗겨내고 내면의 자아에 귀 기울이는 법을 배워야 한단다. 우리는 어쩌다 의심나는 일이 있을 때면(누군들 그럴 때가 없겠는가?) 아마 다른 사람에게 이렇게 조언을 구할 것이다. "어떻게 해야 할까요? '당신' 생각을 말씀해주세요." 그러면 으레 우리 내면의 느낌이 가리키는 방향으로 결정하라는 대답을 듣곤 한다. 우리는 지난 수십 년간 내면의 느낌이 이끄는 대로 결정하라는 충고를 서로 주고받았다. 적어도 1960년대 청년문화가 꽃피고 영혼을 탐색하기 위해 사회규범과 외부의 권위를 벗어던진 이후부터는 줄곧 그래 왔다. 그러나 자기계발 열풍에 휘둘리지 않는 삶을 살려면 우선 우리 안에 답이 없다는 사실을 인정해야 한다. 우리 내면의 느낌이나 자기탐색을 그렇게 중요하게 여겨야 할 이유가 없다.

처음에 이런 말을 들으면 반감이 생기겠지만 사실 따지고 보면 상식적인 이야기다. 어려움에 처해서 도움이 필요한 사람이 있다고 가정해보라. 그 사람을 도울지 말지를 우리 내면의 느낌에 따라 결정한다는 것은 말이 되지 않는다. 그 상황에서 우리가 생각해야 할 것은 우리 내면이 아니라 어려움에 처한 그 사람이다. 우리가 다른 사람을 돕는 일이 '우리'에게 어떤 느낌을 주는지와는 관계없이, 도울 수만 있다면 다른 사람을 돕는 것이 '그 자체로' 중요하다는 생각에 따라 행동해야 한다. 과학이나 예술, 철학 애호가들이 아인슈타인이나 모차르트, 비트겐슈타인 덕택에 인류의 경험이 풍요로워졌다고 주장할 때마다 그들이 어떤 점에서 흥미로운지 알아보기 전에 "그런데 그것이 내게 어떤 느낌을 주지?"라고 묻는 사람은 없다. 이럴 때 우리는 우리 내면의 느낌이 아니라 그들이 실제로 무엇을 '말했는지'에 관심을 가져야 한다. 우리 안이 아니라 밖을 쳐다보는 법을 배워야 한다. 다른 사람들과 문화, 자연으로 눈을 돌려야 한다. 어떻게 살아야 하는가라는 질문에 대한 열쇠가 내 안에 있지 않다는 것을 인정해야 한다. 우리가 말하는 '자아'는 하나의 생각일 뿐이다. 문화사의 구성물이자 부산물일 뿐이다. 그러니 본질적으로 우리 안이 아니라 밖에 있다.

1960년대 반反권위주의 정신에서 비롯된 자아로의 전환은 이후 여러 나라의 학교와 직장에서 제도화되었다. 요즘 학생들은 단지 교과서나 자연이 아니라 자기 안에서도 답을 찾아야 한다. 자신들이 시각적 학습자인지 또는 청각적, 촉감적, 행위적 학습자인지 분류하고, 자기 유형에 따라 능력을 개발해야 한다. 자기를 탐색하고 발견하는 심리여행은 효과적인 학습도구로 찬양받는다. 고용주들은 직원들을 자기계발 강좌에 보내고 관리자들은 직원들에게 자기 내면과 핵심 역량을 탐색하고 이해하라고 코칭한다. "매뉴

얼은 당신 안에 있다." 이는 오토 샤머Otto Scharmer가 신비주의적인 U-이론Theory U(U-이론에 대해서는 나중에 다루겠다)에서 내세우는 구호다. 하지만 이제 우리는 40년에 걸친 자기탐색이 진짜 우리에게 이로웠는지 물어야 할 때가 왔다. 우리는 우리 자신을 찾았는가? 우리 자신을 찾을 수 있기나 한가? 찾으려고 애쓸 가치가 있는가? "아니요"가 이 모든 질문에 대한 내 대답이다.

진실한
가면

내면의 느낌을 바탕으로 결정을 내린다는 게 흔한 말이 되었다. 심지어 거대 다국적기업의 최고 중역들조차 내면의 느낌이라는 말을 쉽게 쓴다. 2014년에 《더 텔레그레프The Telegraph》지의 기사는 "사업상의 결정 과정을 여전히 내면의 느낌이 지배한다"라고 발표했다. 한 조사에 따르면 활용 가능한 자료가 내면의 느낌과 충돌할 때 느낌보다는 자료를 따른다고 대답한 경영진은 10퍼센트밖에 되지 않는다. 나머지는 자료를 재분석하거나 무시하거나 더 많은 정보를 수집한다고 대답했다.[1] 심지어 자기 내면의 느낌을 이해하기 위해 잡지나 자기계발서를 들춰본다고 대답한 경영자들도 있었다.[2] 다음은 라이프스타일 매거진이 전형적으로 제시하는 조언들을 재구성한 것이다.

1. 편안한 자세를 찾아라. 눈을 감고 내면으로 주의를 돌려라. 숨을 깊이 들이쉬고 잠시 참았다가 뱉는다. 세 번을 되풀이한 뒤 호흡이 몸에 어떤 영향을 미치는지 주목하라.

2. 이제 몸을 의식하며 조금씩 긴장을 푼다. 발가락 끝부터 시작하라. 긴장을 풀면서 당신 자신과, 당신의 욕구와 내면의 목소리를 더 진실하게 만나게 될 것이다.

3. 당신 내면에서 일어나는 일을 관찰하라. 무언가 느껴지기 시작한다면 그 느낌을 어떤 식으로도 바꾸려 하지 마라. 불편하게 느껴져도 달아나지 마라. 바로 그곳에서 당신의 영혼, 곧 당신의 핵과 만나게 될 것이다.

4. 질문하라. 모든 답은 이미 당신 안에 있다. 그러니 제대

로 이해하지 못하는 무언가를 느낄 때마다 왜 그렇게 느끼는지, 그 느낌으로 무엇을 알 수 있는지 자신에게 질문하라. 그리고 응답이 올 것이라 확신하라. 답은 생각의 형태로 올 때도 있고 이미지나 신체 감각, 직관적인 깨달음의 형태로 올 때도 있다.

5. 그 답을 사용하라. 당신의 느낌을 토대로 행동하기 시작하라. 느낌이 이끄는 대로 삶을 항해하라. 일단 당신이 과감하게 자신의 성문을 열고 성벽을 허문다면 성장이 시작될 것이다. 더 이상 나머지 세상에 자신을 맞추지 않아도 된다. 새로운 기회가 열리기 시작할 것이다.

물론 이는 자기계발서 시장의 어이없는 극단을 패러디한 것이지만 그 내용은 마음챙김 명상이나 자기계발 산업의 온갖 강사와 컨설턴트의 조언들과 그리 멀지 않다. 우선, 긴장을 풀어야 한단다. 물론 가끔씩 긴장을 푸는 것이 좋다는 데 반대할 사람은 거의 없을 것이다. 그다음은 '내면의 소리'에 귀 기울이며 '자신의 필요를 느껴야' 한다는 것인데, 여기서부터는 살짝 뜬구름 잡는 이야기가 시작된다.

내면의 소리에 귀 기울이라거나 내면의 필요를 느껴보라는 표현을 마주칠 때마다 경계하는 게 좋다. 우리 내면의 소리는 진짜 귀 기울일 만한가? 만약 내면의 목소리가 회식 자리에서 당신 옆에 앉은 잘 생긴 동료 직원을 애무하고 싶다고 속삭인다면? 그 사람한테 배우자가 있는데도 그렇게 속삭인다면? 아마 자기계발 지침서를 쓰는 사람들은 회식 자리는 우리 내면의 '핵'과 진정으로 조우할 만한 장소가 아니라고 주장할 것이다. 글쎄, 어쩌면 그럴지도. 하지만 그걸 어떻게 안단 말인가? 우리 내면으로 더 깊이 뛰어들면 알 수 있을까? 그러다가 결국 우리를 완전히 멍하게 만들 바보 같은 쳇바퀴에 갇히고 말 것이다. 심리학자 필립 쿠시먼Philip Cushman은 서구에서 우울증이 유행하는 이유는 자기 느낌에 집착하고 자기를 찾기 위해 치료를 받으면서 내면을 오래 들여다보다가 사실상 내면 깊숙한 곳에 아무것도 없음을 깨닫는 순간에 이르게 되기 때문이라고 설명한다.[3] 우리가 흔히 듣는 대로 삶의 의미를 우리 안에서 찾아야 하는데, 우리 안에 아무것도 없다면 결국 모든 게 부질없는 일이 되고 만다. 터무니없이 오랜 시간 동안 자기를 탐색하다가는 결국 실망하고 말 위험이 있다.

또는 확실히 틀린 답을 찾아낼 위험도 있다. 앞에서 예로 든 조언에서는 "모든 답은 이미 당신 안에 있다"고 말한다. 사실 그게 얼마나 말이 안 되는 소리인가? 우리는 기후변화에 어떻게 대처해야 할까요? 당신은 스콘을 어떻게 만드나요? 중국어로 '말'을 뭐라고 하죠? 제게 훌륭한 엔지니어가 될 자질이 있나요? 내가 알고 있는 한 이런 질문에 대한 대답은 내 안에도 당신 안에도 숨어 있지 않다. 엔지니어가 될 자질이 있냐고 묻는 마지막 질문도 마찬가지다. 사회에는 훌륭한 엔지니어가 되는 데 필요한 객관적 기준(공학 기술, 수학적 지식 등)이 이미 정해져 있다. 그리고 그런 기준은 우리 내면의 느낌과는 아무 관계가 없다. 모두 다른 사람이 평가해줄 만한 능력들이다.

앞에서 제시한 마지막 조언에서는 내면의 느낌이 이끄는 대로 세상을 항해하라고 말한다. 더 이상 나머지 세상에 자신을 맞출 필요가 없다고 덧붙인다. 잘도 그러겠다! 나머지 세상에 자신을 맞출 필요가 없는 '특권'은 독재자들이나 누리는 것이다. 그리고 따지고 보면 그건 특권이라기보다는 저주에 가깝다. 19세기 덴마크 철학자 쇠렌 키르케고르Søren Kierkegaard의 표현을 빌리자면 "온 세상이 복종하고, 무수히 많은 고분고분한 욕망의 전령들에 둘러싸인"[4] 네로 황제는 아무 저항에라도 부딪혀보고 싶은 마음에 로마에 불을 질렀다. 모든 이가 자기 발아래 머리를 조아리는 것 이상의 현실을 경험하고 싶었던 것이다. 네로는 주변 세상에 자신을 맞출 필요를 느끼지 못했다. 세상 전체가 자신의 욕구와 소망의 표현일 뿐이었기 때문이다. 그러나 우리는 신이 아니라 사람이다. 사람은 주변 세상에 자신을 맞추어야 한다.

본 장의 서두에서 언급했듯 자기탐색에 지나치게 매달리다 보면 실제로는 의미가 없지만 탐색 과정에서 '의미 있는 것처럼 보이는' 것을 느낄 위험이 있다. 1980년대 이래 의사들은 이런 현상을 건강 역설이라 불렀다.[5] 의료 진단법과 치료법이 더 많아지고 좋아질수록 사람들은 끊임없는 자기진단의 쳇바퀴에 갇혔고, 그 결과 불안과 심지어 건강염려증이 널리 퍼졌다. 간단히 말해 의학이 발달할수록 사람들은 자신이 더 아프다고 생각하게 되었다. 이것만으로도 모든 자기탐색을 그만둘 이유가 충분하지 않을까? 지금 어떤 일이 당신에게 괜찮게 느껴질 수는 있다. 하지만 즉시 그 느낌을 토대로 행동하고 나면 조금 뒤에는 다르게 느껴질 수도 있다는 사실을 망각하는 셈이다. 느낌은 본래 합리적이지 않다. 당신에게 심한 견과류 알레르기가 있는데 비스킷이 너무 먹고 싶어서 그 순간의 느낌에 따라 아몬드 비스킷을 먹는다면 결국 그때 당신의 느낌에게 저주를 퍼붓게 될 것이다.

자아실현이냐,
존엄한 삶이냐

내면의 느낌에 대해 생각해보라는 끊임없는 권유 뒤에는 으레 '자기를 찾으라'는 말이 따라온다. 통속 심리학과 현대 문화는 우리 안에 진짜 자아(에고라고 불리든 핵이라고 불리든 뭔가 다른 이름으로 불리든)가 있다는 생각을 퍼트렸다. 또한 사회화 과정과 다른 사람들의 요구로 만들어진 가짜 자아가 있으며 그 자아는 극복해야 할 존재라는 생각도 퍼트렸다. 1960년대와 70년대에 자아실현이라는 용어가 이런 '가짜' 자아를 벗겨내는 과정을 일컫기 위해 등장했다. 자아실현이란 내면의 목소리에 귀 기울이고 내면의 느낌을 되돌아보며 진짜 자아가 되는 것이다.

나는 이미 앞에서 내면의 소리를 찾으라고 말하는 사람을 건강한 의심의 눈초리로 볼 필요가 있다고 지적했다. 또한 어떻게 우리가 우리 내면에 '진짜' 자아가 있다고 생각하게 되었는지도 물어야 한다. 왜 자아는 우리의 행동과 삶, 다른 사람과의 관계에, 다시 말해 우리 밖의 모든 것에 반영되지 않는가? 슬라보예 지젝Slavoj Žižek은 이렇게 말한다.

제가 흥미롭게 여기는 것은 …… 당신 내면의 진짜 자아보다 당신이 쓰고 있는 가면에 더 많은 진실이 있을 수도 있다는 점입니다. 저는 항상 가면을 믿습니다. '자, 이제 가면을 벗자' 같은 행동에 해방적인 잠재력이 있다고 결코 믿지 않아요. …… 진짜 가면은 내 진정한 자아, 진짜 자아입니다. 그리고 허구처럼 위장된 것이 바로 진실입니다. ……
저는 소외를 믿어요. 하지만 …… 우리가 찾아야 할 정체성
이 밖에 있다는 의미에서의 소외이지요. 진실은 바로 밖에
있습니다.[6]

우리 내면에서 자아를 찾는 현상을 심리학과 철학으로
는 설명할 길이 별로 없지만 사회학은 약간의 혜안을 줄
수 있을 듯하다. 왜 인류가 자신에 대해 이렇게 생각하기
시작했을까? 우리가 어쩌다가 진실이 우리 안이 아니라
밖에 있다는 사실을 잊어버렸을까? 독일의 사회학자이자
철학자인 악셀 호네트Axel Honneth는 그럴듯한 대답을 제시
한다. 그는 '대답은 내 안에 있다'는 생각(따라서 삶의 목표
는 자아실현이라는 생각)이 아마 1960년대에는 일종의 해방
감을 안겨주었으리라 말한다.[7] 그때는 개인과 인류의 발전
을 쓸데없이 제한하는 엄격한 사회의 족쇄를 벗어던질 만
한 이유가 적지 않았다. 그러나 호네트에 따르면 이런 내
면으로의 전환이 한때 (가부장제, 자본주의 등과 같은) '제도'
에 합리적으로 저항하는 방식이었을지 모르지만 그 후로

는 저항하고자 했던 바로 그 제도를 정당화시키는 토대가 되었다. 호네트는 탈근대 소비자 사회(이 책에서는 가속화 사회라 부른다)가 유연하고 언제든 변할 수 있으며, 자기계발과 혁신에 끝없이 사로잡힌 개인들을 키운다고 주장한다. 성장과 소비에 기반을 둔 사회에서 같은 자리에 서 있는 것은 반역과 같다. 자아실현 쓰나미는 고분고분하고 유연한 노동력을 원하는 시장의 요구를 지원하고 부추겼다. 그래서 지난 50년간 무늬만 진보적인 온갖 경영 이론과 조직 이론이 '전인적인 인간'과 '인적자원', '일을 통한 자아실현'을 부르짖었다.[8]

자아실현은 더 이상 우리를 자유롭게 하는 개념이 아니다. 오히려 직장에 도움이 되도록 계발하고, 심지어 자본으로 삼아야 하는 내면의 자아가 우리 안에 있다는 개념을 받아들이는 것을 뜻한다. 오늘날 제도에 대한 진짜 저항은 자아든 무엇이든 찾기 위해 우리 안을 들여다보는 게 아니라, 자아를 찾고 계발해야 한다는 생각 자체를 거부하고도 떳떳하게 사는 길에 있다. 업무능력개발평가 자리에서 "저는 자기계발이 필요치 않습니다"라고 말하는 사람은 드물다. 사실, 요즘 사회에 널리 퍼진 믿음으로 보자면 그런 선언을 하는 사람은 거의 이단아에 가깝다.

모순
기계

굳건히 서 있는 방식으로 체제에 저항하는 역설은 문화를 모순 기계paradox machine로 보면 이해하기 쉽다. 가속화 문화는 모순을 찍어낼 수밖에 없다. 특히 '자아 찾기'가 그렇다. 무언가를 달성하려고 노력하는 일이 그 달성을 방해한다면 그것이 모순이다. 사람을 돕는다면서 도움에 의존하게 만들거나 더 많은 도움이 필요하게 만든다면 그것이 바로 모순이다. 몇몇 정신병리에는 이런 모순이 내재해 있다. 건강한 삶을 살려고 노력하는 것이 건강에 좋지 않은 집착이 될 수 있다. 세상을 합리적 체제로 분류하려는 욕망이 비합리적 집착이 될 수 있다.

사회에서 모순 기계는 온갖 상황에서 더 큰 규모로 작동한다. 예를 들어 비판적이며 반권위주의적인 '경험을 통한

학습learning by doing'으로 노동계급과 그 자녀들을 해방하려는 시도는 불평등을 재생산했을 뿐이다(최근에는 더 악화시키기조차 했다). 이렇게 교육받은 아이들은 자율성과 자기계발을 무수히 요구하는, 장황한 교육구조를 헤쳐나가지 못했다. 중산층과 상류층 아이들은 그런 문제에 부딪히지 않았다. 마찬가지로 (팀별 자기 경영과 책임 위임, 일을 통한 자기계발뿐 아니라) 직장의 인간화는 미국의 사회학자 리처드 세넷Richard Sennett이 '인격의 부식corrosion of character'이라 부르는 현상을 낳았고(이제 개인이 딛고 설 단단한 토대가 사라졌다) 스트레스를 전염병처럼 퍼트렸으며 사람 사이의 믿음과 연대를 비인간적으로 무너뜨렸다.⁹ 고속화 문화는 끝없는 혁신과 창조성, 자기계발을 요구하며 기존의 (무)질서를 더 공고하게 만들었을 뿐이다.

'자기를 계발'해야 하는 '전인적 인간'들과 함께 '가치'를 이용해서 일하라고 조언하는 최근 경영 안내서를 읽다 보면 1970년대 자본주의 비판서를 읽는 느낌이 든다. 간단히 말해 우리를 억압하던 전통을 무너뜨리고 우리 자신을 해방시켜 사회를 변혁하자는 발상은, 이제 사회의 억압을 재생산하는 일에 깊이 관여하고 있다. 자기 탐색을 통한 자기계발이나 자아실현은 고속화 문화를 몰고 가며 온갖 문제를 만들어내는 데 핵심이 되는 심리적 동인이다. 그러니 자기계발이니 자아실현이니 하는 허튼소리를 그만두면 우리 삶뿐 아니라 사회도 좋아질 것이다.

우리 시대의 모순적인 본질을 깨닫고 나면 처음에는 무력감을 느낄 수도 있지만 아마 삶의 새로운 방향을 찾게 될 것이다. 그 방향은 역설적일 수밖에 없다. 끊임없는 변화에 저항하는 보수적 태도가 진정한 진보로 등장할 것이다. 예전에 억압이라 여겼던 것이 어쩌면 실제로 해방일 수 있을까? 끝없는 혁신의 혁신보다 평범한 일상과 습관이 더 큰 잠재력을 지닐 수 있을까? 다른 사람과 같아지기를 두려워하지 않는 사람이어야 진짜 개인주의자인가?

영국의 코미디집단 몬티 파이튼Monty Python의 영화 〈브라이언의 삶Life of Brian〉에 등장하는 데니스처럼 말이다. 영화에서 사람들이 메시아로 떠받드는 주인공 브라이언은 추종자들에게 이렇게 말한다. "이봐요. 당신들이 잘못 알고 있어요. 당신들은 나를 따를 필요가 없어요. 아무도 따를 필요가 없어요. 스스로 생각해야 해요. 당신들은 모두 개인이에요!" 브라이언은 사람들에게 자신을 맹목적으로 따르지 말라고, 그들 자신이 되라고, 즉 그들은 '자신들'이 생각하기에 옳은 일을 해야 한다고 가르친다. 그 말에 군중은 한 목소리로 대답한다. "맞아요. 우리 모두 개인들이에요." "나는 아닌데"라고 대답한 데니스만 빼고 말이다. 데니스는 자신이 개인임을 거부함으로써 역설적으로 자신이 개인임을 확인한 셈이다.

어쩌면 자기를 찾는 문제도 마찬가지일 것이다. 자기를 찾으려고 노력하지 않는 사람이야말로 바로 자기 자신으로 살아가는 사람인지 모른다. 적어도 어느 정도 자기를 알고 있다고 말할 수 있다. "자기를 찾고 계발하라"는 이데올로기를 거부하는 사람에게는 삶을 존엄하게 살아갈 기회가 더 많다. 그들은 일관되고 지속된 정체성으로 자기 삶에서 중요한 일에 매달리는 사람이 될 것이다.

18세기 사상가 장 자크 루소Jean Jacques Rousseau 이후 우리는 우리 자신이 되는 것, '내면의 소리'에 귀 기울이는 것이 중요하다고 믿었다. 루소는 내면의 소리에 대해 처음

글을 쓴 사람 가운데 하나다. 그의 유명한 자서전 『고백록 Confessions』은 이렇게 시작한다.

> 나는 전례도 없고, 앞으로 따라할 사람도 없는 일에 착수했다. 나는 내 동료 인간들에게 한 사람을 온전하게 있는 그대로 보여주려 한다. 그리고 그는 나일 것이다. 나는 내 마음을 이해하고 다른 사람들을 찬찬히 살펴봤다. 나는 내가 아는 어떤 사람과도 같지 않고, 아마 존재하는 그 누구와도 같지 않다. 내가 더 낫지는 않을지라도 내게는 최소한 독창성이 있다.……[10]

루소는 자기 자신이 되는 일은 본질적으로 가치 있는 일이라고 말한다. 우리가 어떤 사람이든 우리 자신이 되는 것만으로도 가치 있다고 말한다. 하지만 우리가 알다시피 그건 사실이 아니다. 진짜 아네르스 브레이비크Anders Breivik(2011년 노르웨이에서 극우 인종주의적 연쇄 테러사건을 일으킨 범인. 당시 32세였다-옮긴이)가 되는 것보다는 가짜 마더 테레사가 되는 게 분명 낫다. 사실 자기 자신이 되는 일에는 본질적인 가치가 결코 없다. 반면에 우리와 서로 연결된 사람들에게 책임과 의무를 다하는 것은 본질적으로 가치 있는 일이다. 그렇게 책임을 다하다 보면 우리가 '진짜' 우리 자신인지 아닌지는 사실 의미가 없어진다.

우리는 자아실현에 매달리느라 종종 다른 사람을 희생시키기도 하고, 그렇기 때문에 다른 사람에 대한 의무와 책임을 다하지 못하기도 한다. 내면의 소리를 따라 행동하고, 아무리 잡으려고 애써도 끝없이 달아나는 자아를 편협하게 찾아다니는 것보다 내면의 소리(과연 진짜 자신을 찾았는지)에 의심을 품는 것이 더 낫다. 자아는 정확히 이해하기가 힘들며, 내면의 느낌은 믿을 만하지 않다는 것을 받아들이고 나면 이런 의심 자체가 미덕이 된다. (자기 자신에 대한 의심을 비롯해) 의심에 대해서는 이 책의 3장에서 자세히 소개하겠다. 그러니 의심은 잠시 뒤로 미루고 먼저 내면의 느낌을 무시하는 연습부터 하자.

멈추는
기술

요즘 문화 곳곳에 퍼진 자기탐색과 자아실현 요구를 생각해볼 때 이런 의문이 드는 것이 당연하다. "내가 무얼 할 수 있을까? 바로 내가?" 답을 얻으리라는 기대를 품고 내면을 응시하는 일을 그만두려면 어떻게 해야 할까? 우리는 스토아 철학에서 답뿐 아니라 우리에게 도움이 될 구체적인 연습 방법도 찾을 수 있다. 시작은 늘 쉽지 않은 일이지만 어쨌거나 시도해보자.

가장 예상할 만한 제안은 당신이 하고 싶지 않은 일을 하라는 것이다. 내면의 느낌에는 맞지 않지만 그럼에도 내면의 느낌과는 관계없는 여러 이유로 옳을 수도 있는 일들이 있다. 현대의 스토아 철학자 윌리엄 어빈William Irvine은 이런 연습을 '자발적 불편 경험하기'라고 표현한다.[11] 대단한 불편을 경험할 필요는 없다. 나중에 등장한 금욕적 신비주의자들처럼 몇 주씩 굶을 필요가 없다는 말이다. 이를 테면 다이어트를 할 필요가 없는 사람이 좋아하는 후식을 먹지 않고 참는 정도의 간단한 불편도 괜찮다. 또는 살짝 춥다고 느낄 만큼 옷을 따뜻하게 입지 않는 불편일 수도 있고, 차를 타는 게 더 편한 날에 버스를 타는 것일 수도 있다. 어쩌면 비 오는 날 버스 대신 자전거를 타는 일일 수도 있다.

"이 모든 미친 짓에 어떤 방법론이 숨어 있는 건가요?" 라고 당연히 묻고 싶을 것이다. 스토아 철학에 따르면 '내 키지 않는' 일을 하는 연습에는 서로 관련 있는 여러 이점이 있다.

첫째, 미래에 어떤 시련이 닥치든 대처할 수 있는 힘을 키워준다. 편안함밖에 모르고 안락함만 느껴온 사람이 삶의 어느 순간에 마주치기 마련인 불편을 참기란 무척 힘들 것이다. 이를테면 늙고 병들었을 때나 가까운 사람이나 소중한 것을 잃었을 때 견디기가 무척 힘들어진다.

둘째, 작은 불편을 참는 연습을 하다 보면 미래에 불운이 닥치면 어쩌나 하는 두려움을 줄일 수 있다. 어빈에 따르면 작은 불편에 익숙해지다 보면 불쾌한 경험을 꼭 두려워할 이유가 없다는 사실을 깨닫게 된다. 우리 내면이 느끼기에 항상 좋은 일만 있는 것은 아니라는 생각을 잘 감당한다면 미지의 미래가 덜 두려워진다.

셋째, 우리가 누리고 있는 것 없이 지내다 보면 우리에게 있는 것에 고마움을 느끼게 된다. 비 오는 날 자전거를 타보라. 당신의 교통카드를 다시 보게 될 것이다. 버스를 오랜 시간 타보라. 당신의 차가 무척 고마워질 것이다. 마찬가지로, 많은 고대 철학자들도 말한 것처럼 배고플 때 먹는 밥이 훨씬 맛있는 법이다. 맛있는 음식이 눈앞에 있을 때도 배가 고플 때까지 기다렸다 먹으면 훨씬 맛있을 것이다. 한번 시도해보라. 쉬운 연습이다.

로마의 황제이자 철학자 마르쿠스 아우렐리우스는 자신의 책 『명상록』 7권에서 '육체의 속삭임'에 귀 기울이지 말라고 말한다. '육체의 속삭임'에 굴복하는 것은 아마 '내면을 탐색'하고 내면의 느낌을 따른다는 말의 로마식 표현일 것이다. 아우렐리우스는 육체의 속삭임에 굴복한다면 우리는 우리 몸의 욕구에 매인 노예가 된다고 한다. 육체의 속삭임에 귀를 기울이면 이성이 사라지므로 우리가 처한 상황에서 우리가 해야 할 의무를 이해하기(그리고 수행하기) 어려워진다. 따라서 우리 내면을 탐색하는 데 너무 많은 시간을 소비하지 않는 것도 중요하지만 육체의 속삭임이 너무 커서 듣지 않을 수 없을 때는 적절하게 의지력을 발휘해 싸워야 한다.

스토아 철학자들은 의지력이 근력과 같다고 믿었다. 곧 의지력을 훈련하면 할수록 더 나아지고 더 강해진다고 믿었다. 앞에서 든 사례들이 우습게 들릴지는 모르겠지만 후식이나 포도주를 거절하거나, 차를 태워주겠다는 호의를 거절하는 연습이 그렇게 바보 같은 일은 아니다.

스토아 철학자들에게 자기통제는 절대적으로 중요한 미덕 가운데 하나다. 물론 '현재를 살며' 나이키 광고처럼 '그냥 하라!Just do it!'고 훈계하는 요즘 고속화 문화에서 자기통제는 상당히 인기 없는 개념이긴 하지만 말이다. 간단히 말해, 우리가 온갖 자극(위胃에서 오든 다른 곳에서 오든)에 저항하는 법을 터득한다면 삶에서 중요한 것을 더 잘 지킬 수 있다.

다만 답을 우리 안에서 찾지 '않으려고' 우리 내면이 내켜하지 않는 일을 하는 연습을 하겠다며 온갖 엉뚱한 일에 뛰어드는 것보다는, 윤리적으로 가치 있는 일을 해보면 좋다. 윤리적으로 행동하는 일이 항상 기분 좋은 '느낌'을 주지는 않는다 해도 말이다.

조금 부끄럽더라도 사과해야 할 일이 있는 사람에게 사과를 하거나, 또는 실제로 하고 싶은 것보다 더 많이 기부해보라. 이런 일을 했더니 나중에 기분이 좋아졌다면 더 좋다. 좋은 일을 하고 나서 기분이 좋아지는 것에는 아무 문제가 없다. 옳은 일인지 아닌지 결정하는 기준이 내면의 느낌이어서는 안 된다는 사실만 알고 있으면 된다.

물론 스토아 철학자들도 기분이 좋을 때가 있다. 자신들이 한 행동을 두고 뿌듯하게 여길 수도 있다. 그러나 다시 강조하지만 여기서 중요한 점은 우리 '내면의 느낌'으로 우리가 옳은 일을 하고 있는지 아닌지를 평가해서는 안 된다는 것이다.

자, 이제 이 문제는 확실히 정리했으니 다음 단계로 넘어가자.

Stand Firm

2장

바라보다

좋아서 손뼉 치는 사람보다는 **투덜대는 사람이 되는 일이 훨씬 더 재미있다.** 게다가 우리에게는 투덜거릴 만한 이유가 많다. 모두 나이 들고 병에 걸리고 결국에는 죽는다. 우리가 언젠가는 죽는다는 사실을 매일 생각한다면 삶을 더 고맙게 여기게 된다. 이것이 바로 스토아 철학의 금언, **'메멘토 모리**memento mori**', 네가 죽으리라는 걸 기억하라**는 말이다.

삶을 위해
죽음을 생각하라

일단 '자기를 찾으라'는 심리학의 장광설을 무시하는 법을 배우고 내면의 느낌이 이끄는 대로 결정을 내리길 그만두었다면, 이제 다음 단계를 시작할 수 있다. 자기를 찾는 데 쓰는 시간을 줄였다면 더 중요한 다른 일에 쓸 시간과 에너지가 많이 남을 것이다. 그런데 그 남은 시간으로 무엇을 할까? '자아 찾기'는 시간을 쓰는 좋은 방법이 아니라는 것은 이미 알 것이다. 애써 찾은 자아가 마음에 들지 않을 위험도 있고, 아무리 내면을 들여다보아도 아무것도 찾지 못할지 모른다.

대신에 미래를 '구상'하며 시간을 쓸 수 있지 않을까? 또는 '고정관념을 벗어나서' 아무런 제약이 없다면 어떤 삶을 살까를 상상할 수도 있지 않을까? 어쨌거나 우리는 '긍정적 사고'의 미덕에 대해 끊임없이 듣는다. 세간의 긍정 심리학자들은 심지어 '긍정적 환상positive illusion'을 키워야 한다고 말한다. 그러니까 더 성공하려면 자신을 실제보다 더 대단하게 여겨야 한다는 말이다.

그러나 이 책의 두 번째 단계는 당신이 이미 성취했거나 성취하고 싶은 긍정적인 일을 생각하는 대신, 삶의 부정적인 면에 집중하는 법을 배우는 것이다. 여기에는 여러 이점이 있다. 우선, 부정적인 면을 보는 사람은 자유롭게 생각하고 말할 수 있다. 사실 많은 사람이 투덜거리길 꽤 좋아한다. "휘발유가 너무 비싸." "끔찍한 날씨야." "세상에, 이거 흰머리 아냐?" 물론 이런 투덜거림이 삶의 의미를 찾는 데 항상 도움이 되지는 않는다. 하지만 불평을 마음에 담아두기만 한다면 얼마나 답답하겠는가? 둘째, 부정적인 면을 보는 것은 문제를 해결하기 위해 필수로 거쳐야 할 첫 단계다. 토요일 오후 날씨야 우리가 어찌해볼 수 없겠지만, 직장의 끔찍한 환경을 지적하는 게 허용되지 않고 성공에 대한 이야기만 해야 한다면 답답해서 속이 터지고 말 것이다. 셋째, 당신도 겪을 수 있고 언젠가는 '반드시' 일어날 온갖 부정적인 일들(긍정 심리학자도 언젠가는 죽는다)을 생각하다 보면 지금의 삶을 더 고맙게 여기게 된다. 이것이 스토아 철학의 주요 골자 가운데 하나이며 스토아 철학자들이 궁극의 부정, 바로 죽음에 관심을 갖는 이유다. 그렇다고 죽음을 낭만적으로 생각하거나 찬양하라는 말은 아니다. 스토아 철학자들에게 죽음은 우리가 생각해야만 하는 것이지만 오직 삶을 위해서임을 명심해야 한다.

미국심리학회로부터 학문적 성과를 인정받아 2012년에 조지프 B. 기틀러 상을 수상한 심리학 교수 바버라 헬드 Barbara Held는 '긍정의 독재'를 오랫동안 비판했다.[1] 헬드 교수는 긍정 심리학이 특히 미국에 널리 퍼졌지만 서구의 많은 나라에서도 흔히 인정되는 국제적인 실용 심리학 같은 것이 되었다고 본다. 이제 우리는 '긍정적으로 생각'해야 하고 '(반드시 존재할) 해결책을 찾아내고' 문제를 흥미로운 '도전'으로 여겨야 한다. 이런 긍정적 사고가 워낙 널리 퍼져서 이제는 중병을 앓는 사람들까지도 '자신의 병으로부터 스스로 깨우쳐' 더 건강한 사람으로 회복될 이상적인 변화가 기대된다.[2] 수없이 많은 자기계발서를 비롯해 육체적 심리적 질병을 앓은 사람들의 역경 수기misery memoir는 위기를 통해 많은 것을 배우게 되어 얼마나 행복한지 묘사한다.

내가 생각하기에 중병에 걸렸거나 비슷한 종류의 실존적 위기에 빠져본 사람들은 긍정적으로 생각하라는 말에 짜증이 날 것 같다. 그런데도 자기 병이 처음부터 끝까지 정말 끔찍했다고, 다시는 그런 병을 앓고 싶지 않다고 큰소리로 말할 사람은 거의 없다. 우리가 흔히 보는 책 제목은 '나는 스트레스를 어떻게 극복했고 무엇을 배웠나'이다. 그러니까 우리가 스트레스나 질병을 경험하고 결국 죽게 된 상황에서도, 이 모든 과정을 교훈적이고 가치 있는 일로 여겨야만 한다는 것이다. '스트레스는 여전히 끝나지 않는 악몽이다' 같은 제목을 볼 일은 없을 듯하다.

다행히 심리학자들도 이 점을 깨닫기 시작했다. 비판적 심리학자 브루스 레빈Bruce Levine도 그런 사람이다. 그는 의료계 종사자들이 인간의 불행을 늘리는 여러 방법들을 소개했는데 그 가운데 첫 번째가 환자에게 태도를 바꾸라고 가르치는 긍정 심리학의 사고방식이다.[3] "긍정적으로 생각해!"는 곤경에 처한 사람에게 할 수 있는 말 가운데 가장 모욕적인 말이다. 우연히도 레빈이 제시한 인간의 불행을 늘리는 여러 방법 중 열 번째는 '고통의 비정치화'다. 그러니까 사람들에게 닥치는 온갖 문제를 외부 환경보다는 (동기 부족이나 비관주의적 관점 등) 자기 자신의 개인적 부족함으로 돌리는 것이다.

나처럼 이런 상황이 너무 심하다고 생각하는 사람들은 이 책을 읽는 동안 삶의 부정적인 면에 주목해서 긍정의 독재를 끝내는 법을 배우게 될 것이다. 그러면 지금 있는 그 자리에, 더 굳건히 서 있을 준비를 갖추게 된다. 우리는 일이 뜻대로 되지 않는다고 생각할 권리를 되찾아야 한다.

긍정
파시즘

앞에서 말한 것처럼 바버라 헬드는 긍정 심리학을 무척 날카롭게 비판하는 사람들 중 하나다. 1990년대 후반부터 폭발적으로 성장한 긍정 심리학은 긍정성에 매혹된 가속화 문화가 학문에 반영된 것이라 볼 수 있다. 긍정 심리학이 성장하기 시작한 것은 1988년 마틴 셀리그만Martin Seligman 이 미국 심리학회 회장이 되었을 때부터다. 셀리그만은 우울증의 요인인 학습된 무력감을 연구한 이론으로 명성을 쌓았다. 학습된 무력감은 냉담한 상태, 즉 실제로 고통을 피할 방법을 선택할 수 있는데도 고통스러운 상황을 바꾸려는 의지가 없는 상태를 말한다. 셀리그만은 개들에게 전기충격을 가하는 실험을 비롯한 방법으로 학습된 무력감 이론을 발전시켰다. 그러다 사람의 가장 좋은 친구인 개들을 괴롭히는 일에 싫증이 났는지(물론 이해할 만한 일이지만), 연구 주제를 바꿔 긍정 심리학에 몰두하기 시작했다.

긍정 심리학은 이전까지의 심리학이 주목했던 인간의 문제와 고통에 몰두하기를 거부한다(셀리그만은 일반적인 심리학을 '부정의 심리학'이라 부르기도 한다). 긍정 심리학은 오히려 삶과 인간 본성의 좋은 점을 연구하는 학문이다. 특히 행복이 무엇인지, 행복을 어떻게 성취하는지를 묻고 인간의 긍정적인 인성 특징을 설명하려 애쓴다.[4] 미국 심리학회 회장을 역임한 셀리그만은 자신의 지위를 이용해 긍정 심리학을 장려했다. 그의 노력이 성공해서 요즘에는 긍정 심리학만 다루는 교육과정과 연구소, 학술지가 있을 정도다. 심리학에서 일반 대중을 그토록 빨리 사로잡은 개념은 거의 없다. 긍정 심리학이 삶을 비롯해 온갖 종류의 개발을 최적화하는 도구가 되어 가속화 문화에 너무도 쉽게 편입되는 과정은 흥미롭다.

물론 웰빙을 강화하고 '최적의 경험'을 제공하고, 성과 수준을 높이는 방법을 연구하는 것 자체는 아무 문제가 없다. 그러나 컨설턴트와 코치(또는 '긍정 리더십' 단기과정을 이수한 열정적인 관리자)의 손을 거치면서 긍정 심리학은 사람들의 비판을 틀어막기 위한 투박한 도구로 급속히 전락했다. 몇몇 사회학자에게서 '긍정 파시즘'이라는 이야기가 나올 정도다.

사회학자들은 긍정적 사고positive thinking에서도, 강점 탐구appreciative inquiry(조직이나 조직 구성원이 문제가 아니라 강점을 탐구하고 활용하여 조직의 수행 능력을 개선할 수 있다는 생각-옮긴이)에서도 긍정 파시즘을 본다.[5] 긍정 파시즘이라는 개념은 우리가 삶을 늘 긍정적으로만 볼 때 어떤 식으로 세뇌될 수 있는지 묘사한다.

일화를 하나 덧붙이자면 내가 학계에서 경험한 가장 부정적인 경험들은 긍정 심리학자들과 관련이 있다. 몇 해 전 나는 한 신문과 여성잡지에 긍정 심리학을 비판하는 글을 실었다. 그 반응은 대단했다.[6] 긍정 심리학자 세 사람이 '학문적 부정행위'로 나를 고발하는 글을 내가 근무하는 대학의 고위 관리에게 보냈다. 그 학자들의 이름은 이 자리에서 밝히지 않겠다.

학계에서 '학문적 부정행위'를 저질렀다는 것보다 더한 비판은 있을 수 없다. 그들 주장의 요지는 내가 긍정 심리학을 부정적으로 소개했으며 이를 위해 긍정 심리학 연구와 실제 적용의 차이를 일부러 무시했다는 것이다. 다행히 대학 측은 그 비판을 단호하게 무시했지만 나는 그 심리학자들이 보인 반응이 무척 걱정스러웠다. 그들은 잡지 편집자에게 편지를 보내 공개토론을 요청하는 방식보다는 내가 근무하는 대학 관리자들에게 나를 학문적 부정행위자로 비방하는 쪽을 선택했다.

이 이야기를 밝히는 이유는 나를 비방한 긍정 심리학자들이 공개적인 학술 토론을 무척 꺼리는 점이 아이러니하기 때문이다. 그들이 주장하는 개방성과 강점 탐구에도 분명 한계가 있는 모양이다(다행스럽게도 긍정 심리학의 대표 주자들이 모두 그렇지는 않다는 말을 덧붙여야겠다). 역설적으로 이 사건은 긍정의 독재에 대한 내 비판이 옳음을 확인해주었다. 그들에게 있어 부정성과 비판(특히 긍정 심리학에 대한 비판)은 분명 어떤 수단을 써서라도 제거해야만 할 요소라는 사실을 보여준다.

작고 현실적인 꿈

긍정 심리학을 접해봤다면, 그러니까 가령 학교나 직장에서, 그리고 어쩌면 업무능력개발평가 자리에서 당신의 짜증을 유발하는 문제에 대해 토론하고 싶은데 자꾸 성공에 대해 말하라는 요구를 받아본 적이 있다면, 말로 표현하기 힘든 불편한 감정을 느꼈을 것이다. 지략 있고 능력 있는 사람으로 평가되고 계속 발전하고 싶지 않은 사람이 누가 있겠는가? 요즘 경영자들은 직원의 능력을 인정하고 높이 평가하길 좋아한다. 다음 예문은 경영자들이 업무능력개발평가에 직원들을 초대하면서 어떤 표현을 쓰는지 보여 준다. 예문의 요지는 직원들에게 업무능력개발평가에 깔린 원칙을 이해시키는 것이다.

업무능력개발평가는 기회를 이야기하는 공간입니다. 우리가 무엇을 언제 이루었는지, 어떻게 직원들이 최대한 순조롭게 협력했는지, 무엇이 업무 만족도를 극대화했는지 이야기를 나누면서 우리의 개발을 추동하는 요인이 무엇인지, 우리의 목표를 성취하기 위해 무엇이 필요한지 깨달을 수 있습니다.

저는 업무능력개발평가를 통해 우리가 어떻게 했을 때 일을 가장 성공적으로 해낼 수 있는지를 여러분이 이해하길 바랍니다. 여러분이 일에서 성공을 토대로 성장할 수 있도록 초대합니다.[7]

요즘 경영자들은 지시를 내리고 모든 것을 결정하는 딱딱한 권위주의자가 아니라 완전히 다른 형태의 부드러운 권력을 행사하는 사람으로 보이길 원한다. '업무 만족 극대화'를 위해 '성공'에 대한 대화를 나누자고 직원들을 '초대'하는 사람으로 보이길 원한다. 이들이 기대하는 희망사항들을 보면, 경영자들은 경영진과 직원 사이의 권력 불균형이 여전히 뚜렷하고 모든 목표가 똑같이 합리적이지는 않다는 사실을 잊고 있는 듯하다.

내가 일하는 대학에서도 요즘 직원들에게 대학을 발전시킬 '비전'을 만들어내라고 한다(이런 요구를 하는 것만 빼면 훌륭한 대학이다). 보통 수준의 대학이 되려고 노력해야 한다는 내 제안에 학교 당국은 시큰둥한 반응을 보였다. 나는 우리같이 작은 대학에게는 보통 수준의 대학이 되는 것이 현실적인 목표라 생각한다. 하지만 요즘은 모두 '세계적'이어야 하거나 '상위 5위권'에 들어야 한다. 그리고 이런 어마어마한 성공은 언제나 여러 기회와 성공의 순간들로 포장된 길 끝에서 우리에게 손짓한다. 나는 이런 현상을 '강요된 긍정'이라 부른다. 오직 최고만을 좇고, 큰 꿈

을 꾸고 긍정적으로 사고하기만 하면 최고가 될 수 있다는
생각 말이다.

내 탓이
아니다

앞서 언급한 바버라 헬드를 비롯해 강요된 긍정을 비판
하는 사람들에 따르면, 긍정적 사고를 의심 없이 좇다 보
면 결국 '희생자에게 책임을 전가'하는 결과가 나온다. 우
리의 고통이나 무능함이 이른바 긍정적 또는 낙관적 인생
관이나, (셀리그만 같은) 긍정 심리학자들이 말하는 '긍정
적 환상'이 부족해서 생기는 것이라고 여기게 된다. 긍정
적 환상은 앞에서 언급했듯이 실제보다 더 나은 자신을 상
상하는 것을 뜻한다. 그러니까 우리가 실제보다 조금 더
똑똑하고, 능력 있고, 영향력 있다고 생각하는 것이다. 연
구 결과에 따르면 (그 결과가 결코 모호하지 않다고는 할 수 없
지만) 우울증을 앓는 사람은 그렇지 않은 사람보다 자신을
더 현실적으로 바라본다고 한다.

그러나 한 가지 두려운 점은 이런 긍정적 사고방식이 개인에게 긍정적 태도와 행복을 강요하는 문화를 만들 수 있다는 것이다. 가속화 문화에서는 역설적으로 긍정성과 행복의 강요가 고통을 생산한다. 사람들은 자신이 늘 행복하지 못하고, 성공하지 못한다고 줄곧 자책한다(앞서 언급했던 모순 기계를 참고하라).

강요된 긍정에 대한 또 다른, 연결된 비판은 긍정적 사고가 상황의 중요성을 깎아내린다는 것이다. 개인의 행복이 주로 (사회경제적 지위와 관련된 여러 사회적 요인 등과 같은) '외적' 요인 이 아니라 '내적' 요인에 달려 있다고 가정한다면 당신이 행복하지 않은 것은 당신 책임이 된다. 『마틴 셀리그만의 긍정심리학Authentic Happiness』에서 셀리그만은 행복 변수의 8~15퍼센트만 외적 요인의 영향을 받는다고 말한다. 이때 외적 요인이란 당신이 민주주의 체제에 사는지 독재 체제에 사는지, 부유한지 가난한지, 건강한지 건강하지 않은지, 숙련된 기술이 있는지 없는지 등을 말한다.

셀리그만에 따르면 무엇보다 좋은 행복의 원천은 '내적

환경'이고, 내적 환경은 '자기통제'에 따라 달라진다. 이를 테면 긍정적 감정을 빚어내고, 고마워하며, 용서하고, 낙관적으로 세상을 바라보며, 자신의 강점을 활용하는지가 중요하다. 즉, 행복은 우리 내면의 힘을 실현하고 긍정적 감정을 키우는 일에 달려 있다. 이처럼 '내면'을 강조하고, 행복은 우리의 의지력에 달렸다고 강조하는 생각은 개인에게 뒤처지지 않도록 끝없이 발전하라고 요구하는 문제적 이데올로기를 강화한다(이때 가속화 문화에서 살아남기 위해 개인이 계발해야 할 능력에는 긍정적으로 사고하는 능력도 포함된다).

투덜댈
자유

바버라 헬드가 '강요된 긍정'의 대안으로 제시한 것이 있다. 바로 투덜거리기다. 그녀는 푸념하고 투덜대는 법에 대한 베스트셀러까지 썼다. 그녀가 쓴 『미소 끝, 불평 시작Stop Smiling, Start Kvetching』은 투덜이가 되기 위한 일종의 자기계발서다.[8] 그녀가 사용한 'Kvetching'이라는 단어는 '투덜대기'를 뜻하는 이디시어Yiddish language(중부 및 동부 유럽 출신 유대인과 미국으로 이주한 유대인이 쓰던 언어로, 게르만어와 슬라브어가 히브리어와 섞여서 생겨남-옮긴이)이다. 나는 유대 문화 전문가는 아니지만(우디 앨런 영화에서 배운 게 거의 전부이지만) 크고 작은 일에 대한 불평을 일반적으로 인정하여 집단의 행복과 만족을 키우는 문화라는 인상을 받았다. 모여 앉아서 한바탕 푸념을 주고받는 것은 썩 괜찮은 일이다. 사람들에게 뭔가 이야깃거리를 주고 일종의 공동체 의식을 키워준다.

헬드의 투덜이 강령 밑바닥에는 삶은 결코 완벽히 만족스럽지 않다는 생각이 깔려 있다. 가끔은 오히려 만족과 거리가 멀 때도 있다. 그러니 투덜댈 만한 것이 항상 있기 마련이다. 집값이 떨어지면 우리는 담보 대출금이 집값보다 더 높은 깡통주택을 불평한다. 집값이 오르면 우리는 자산 가치를 끊임없이 떠들어대는 사람들에 대해 불평한다. 인생은 힘들다.

그러나 헬드에 따르면 인생이 힘든 건 진짜 문제가 되

지 않는다. 힘들지 않은 척 살아야 하는 게 문제다. 우리는 어떻게 지내냐는 질문에 "잘 지내지!"라고 대답해야 한다. 배우자가 바람을 펴도 잘 지내는 척해야 한다. 부정적인 면을 보는(그리고 불평하는) 능력은 삶을 조금 더 잘 견디는 대응기제가 될 수 있다. 그러나 불평과 비판은 단지 상황을 견디는 방법만은 아니다. 투덜댈 자유는 현실을 마주하고, 있는 그대로 인정하는 능력에서 나온다. 그렇게 할 수 있을 때라야 우리는 일종의 인간적 존엄을 갖출 수 있다. 나쁜 날씨 같은 것은 없다고 침 튀기며 떠들어대는 긍정병 말기 환자들과는 극명히 대조되는 존엄한 삶을 살 수 있다. "이보세요. 해피 양반! 날씨가 나쁠 때도 진짜 있거든요. 그리고 날씨가 나쁠 때 따뜻한 술집에 앉아 투덜대는 것도 좋고요."

우리는 투덜댈 수 있는 권리를 지켜야 한다. 투덜댄다고 긍정적 변화가 생기지는 않을지라도 투덜댈 수 있어야 한다. 물론 불평이 긍정적 변화로 이어질 수 있다면 좋다. 보통 투덜거림은 밖을 향한다. 우리는 날씨에 대해 투덜대고 정치인들이나 축구팀에 대해 투덜댄다. 우리가 아니라 뭔가 다른 일에 대해 투덜댄다! 반면에 긍정적 태도는 안을 향한다. 뭔가 일이 틀어지면 우리는 우리 자신을 뜯어보고, 우리의 동기를 탐색해야 한다. 모든 것이 우리 잘못이다. 실업자들은 실업수당제도에 대해 불평할 권리가 없다. 그냥 정신을 차리고 긍정적으로 생각하며 일자리를 찾아야 할 뿐이다. 모든 일이 '자신을 믿는 것'에 달려 있다. 하지만 자신을 믿는 것은 철저히 편협한 생각일 뿐이다. 이런 생각은 중요한 사회, 정치, 경제 문제를 개인의 동기와 긍정성의 문제로 일축해버리고 만다.

그냥
살아내라

우리 할머니는 '그냥 살아내라'고 말씀하시길 좋아했다. 뭔가 어려운 일이 있을 때 할머니는 그 문제를 '해결'해야 한다고 생각하지 않으셨다. 할머니가 보시기에 그건 너무 지나친 일이었다. 해결한다는 것은 문제를 통제하거나 제거하거나 완전히 없애는 것을 뜻한다. 하지만 인생에는 그렇게 할 수 없는 일도 많다. 사람들은 약하고 상처받기 쉽고 아프기도 하고 결국 죽는다.

할머니의 말씀처럼, 우리는 죽음을 '해결'할 수 없다. 하지만 그냥 삶을 계속 살 수는 있다. 달리 말해 문제를 인정하고 그 문제와 함께 살아가는 법을 배우라는 말이다. 그렇게 하다 보면 굳건히 서 있을 수 있다. 무언가를 변화시킬 수 없다면 그것과 함께 사는 법을 배우는 게 낫다. 우리 할머니 표현을 빌리자면 "바보들의 천국에 사느니" 현실을 직면하는 게 낫다. 19세기 영국의 공리주의자 존 스튜어트 밀John Stuart Mill이 말한 대로 "만족스러운 바보보다는 불만족스러운 소크라테스가 되는 게 낫다." 우리는 모든 일을 다 잘 해낼 수 없다. 모든 일이 긍정적 행복이라는 결과를 낳지도 않는다. 하지만 삶에는 이루기 위해 애쓸 만한 것들이 분명히 있다. 이를테면 존엄성과 현실 인식 같은 것들이다.

중요한 것은 삶의 부정적인 면을 외면하지 말아야 한다는 것이다. 우리가 긍정적으로 변화시킬 수 있는 것도 있지만 삶의 부정적 면은 언제나 있는 법이다. 삶의 부정적인 면을 인정하라. 그러나 불평하고 비판할 수 있어야 한다. 편협하게 노상 긍정적이고 낙관적으로만 세상을 본다면 상황이 안 좋아졌을 때는 한층 더 큰 타격을 받을 것이다. 부정적인 면을 인정하면 미래의 시련을 준비하게 된다. 또한 투덜대다 보면 인생의 좋은 것들도 깨닫게 된다. "발가락이 따끔거려. 하지만 나머지 다리는 멀쩡하잖아!"

바라보는
기술

부정적 면을 바라보는 일은 스토아 철학의 중요 주장과 직결되어 있다. 삶의 부정적 면을 더 잘 인정하고 싶다면 '부정적 시각화negative visualisation'라 불리는 스토아 철학의 기법을 시도해보라. 내가 아는 한 긍정적으로 생각하라고 말하는 사람들은 항상 긍정적 시각화를 추천한다. 좋은 일이 일어나게 하려면 좋은 일을 상상하라고 말한다. 운동선수들은 훈련을 할 때 긍정적 시각화를 사용한다. 코치들은 선수들이 자신의 목표에 도달할 수 있게 목표 달성을 시각화하도록 돕는다. 자존감을 높이는 법을 알려주는 책들은 으레 독자에게 긍정적인 일을 상상하라고 부추긴다. 예를 들어 "당신이 훌륭하게, 무척 만족스럽게 대처하는 모습을 상상함으로써 당신의 자존감을 키우라"고 말한다.[9] 도처에 넘쳐나는 긍정적 환상의 반대편에 균형을 잡아주기 위해 끊임없이 투덜대기 전략을 평형추 삼을 수도 있겠지만, 그랬다가는 주변 사람들이 곧 우리에게 넌더리를 낼지 모른다. 믿지 않을 정도의 장난기 가득한 눈빛으로 투덜대지 못한다면 말이다.

사랑스러운 투덜이 연기가 어려운 (대부분의) 사람들은 대신 스토아 철학의 부정적 시각화를 사용하면 부정적 사고를 더 적절히 연습할 수 있다. 여러 스토아 철학자들이 부정적 시각화를 활용했다. 세네카는 아들이 죽은 지 3년이 흐른 뒤에도 여전히 슬픔으로 기운이 없는 마르키아에게 보내는 위로문에서 인생의 모든 것은 그저 '빌려온' 것임을 알아야 한다고 썼다. 우리가 무엇을 바라든 운명은 경고 없이 그것을 앗아갈 수 있다. 이런 사실을 깨닫고 나면 우리가 가진 것들을 우리에게 허락된 짧은 시간 동안 사랑해야 할 이유가 더 커진다.[10] 또 다른 편지에서 세네카는 죽음을 먼 미래의 일로 생각해서는 안 된다고 경고한다. 원칙적으로 죽음은 언제든 우리에게 닥칠 수 있다.

그러므로 우리와 우리가 사랑하는 사람 모두 필멸必滅의

존재임을 항상 기억합시다. …… 제가 그런 생각을 하지 않았기 때문에 운명이 저를 급습했을 때 준비가 돼 있지 않았습니다. 저는 이제 모든 것이 유한하며, 유한한 삶이 어떤 특별한 법칙을 따르는 게 아니라고 생각합니다. 언젠가 일어날 수 있는 일이라면 오늘 일어날 수도 있습니다.[11]

에픽테토스는 매우 구체적으로 우리 아이들에게 잠자리 키스를 할 때마다 아이의 유한한 운명을 생각하라고 대놓고 말한다. 지나친 말인지는 모르겠지만 내일 아침 우리 아이가 깨어나지 못할지도 모른다고 생각해보라.[12] 우리가 인간의 유한한 운명을 생각한다면 가족의 유대가 튼튼해지고 아이들의 실수를 더 잘 용서하게 된다. 잠들지 않고 칭얼대는 아기를 돌보는 일이 얼마나 고된지는 부모라면 누구나 알 것이다. 그러나 아이의 유한한 운명을 떠올린다면 그 고됨도 아이가 지금 내 곁에 있다는 사실에 대한 기쁨으로 변할지 모른다. 에픽테토스라면 아마 생명을 잃은 아기보다는 자지러지게 우는 아기를 안고 있는 게 낫다고 표현할 것이다. 부정적 시각화를 사용하면 자지러지게 우는 아기도 얼마든지 감당할 수 있다.

마지막으로 우리는 죽을 수밖에 없는 우리 자신의 운명을 생각해야 한다. 메멘토 모리. 네가 죽으리라는 걸 기억하라. 당신의 죽음을 매일 생각하라. 그렇다고 무기력해지거나 절망에 빠져서는 안 된다. 우리도 언젠가 죽는다는 생각에 차츰 익숙해지고 삶을 더 감사히 여길 수 있도록 죽음을 생각하라. 소크라테스는 철학을 잘 죽는 법을 배우는 학문이라고 정의했다.

앞서 언급했듯 요즘 문화는 우리에게 긍정적인 면에 집중하라고 부추긴다. 모두들 '좋은 삶'에 대해서는 쉽게 말하면서도 잘 죽는 법을 배우는 것에 대해서는 말하지 않는다. 우리는 잘 죽는 법을 배워야 할 것이다. 16세기 프랑스 철학자 몽테뉴Montaigne가 쓴 것처럼 "죽는 법을 배운 사람은 노예가 되는 법을 잊는다."[13] 죽음을 생각하는 목적은 죽음 그 자체에 매혹되기 위함이 아니다. 오히려 우리 모두 언젠가는 죽는다는 생각에 익숙해짐으로써 죽음에 대한 두려움으로 삶을 소진하는 것을 막고, 더 좋은 삶을 살기 위해서다.

부정적 시각화에는 두 가지 유형이 있다. 다음 두 가지 연습을 시도해보라.

- 당신이 소중히 여기는 무언가(또는 누군가)를 잃는다고 생각해보라. 그렇게 생각했을 때 그것(또는 그들)으로부터 느끼는 즐거움이 어떻게 커지는지에 주목하라. 심리학에는 '쾌락 적응hedonic adaptation'이라는 개념이 있다. 곧, 우리는 행복한 삶에 금방 익숙해지고 무뎌진다는 생각이다. 부정적 시각화는 쾌락 적응을 방해해 우리가 더 고마움을 느끼도록 만들어준다. 덧붙여 말하면 쾌락 적응은 긍정 심리학자들도 연구하는 개념이다.

- 어느 날 당신이 유한한 인생의 허물을 벗고 떠난다는 사실을 생각해보라. 모두 나이가 들고 병에 걸리고 결국 죽는다. 이를 매일 생각한다면 삶을 더 즐기게 될 것이다. 위기의 순간에도 삶이 즐거울 것이다. 죽음은 우리가 '해결'할 수 있는 것이 아니다. 약간의 연습과 더불어 '그냥 살아내야' 하는 것이다.

이제 삶의 부정적인 면을 바라보는 법을 배웠으니 다음 단계로 넘어갈 차례다. 다음 단계는 '아니요'라고 말하는 법을 배우는 것이다. 자, 이제 먼지 앉은 '아니요'라는 대답을 되찾아 사용해보자.

S t a n d　　　F i r m

3장

거절하다

"저는 그 일을 하고 싶지 않습니다"라는 말에는 용기와 진실이 담겨 있다. **로봇이나 늘 "예"라고 답한다.** 예를 들어 업무능력개발평가에서 직속 상사가 '개인 성장' 교육을 받으라고 제안한다면 **정중하게 거절하라.** 대신에 사무실에서 케이크를 함께 나눠 먹는 '케이크데이'를 시작하고 싶다고 제안하라. 하루에 적어도 다섯 번은 "아니요"라고 말하라.

"아니요"라고
말하기

이 책이 제시한 첫 두 단계를 마쳤다면 당신은 지금쯤 영혼을 탐색하는 일에 시간을 덜 쓰는 법을 배웠을 테고, 인생의 부정적 면에 주목할 때의 가치를 발견했을 것이다. 그렇다고 긍정적인 면을 절대 보지 말라거나 자신을 성찰하지 말라는 말이 아니다. '답은 내 안에 있다'라거나 '내면을 탐색해서' 답을 찾을 수 있다는 흔한 오해를 거부하라는 말이다. 요즘 사회에는 강요된 긍정이 널리 퍼져 있다. 강요된 긍정은 '아니요'라고 말하는 것은 바람직하지 않으며 위험하다고 우리를 설득한다. 우리는 이런 강요된 긍정에 저항해야 할 이유가 있다.

세 번째 단계는 '아니요'라는 대답을 더 잘하는 법을 익히는 것이다. 지난 10년 동안 우리는 '예'라고 답하라는 말을 곳곳에서 들었다. 감사하고 소중히 여기고 긍정하라는 이야기를 들었다. 자, 이제 먼지 앉은 '아니요'를 끄집어내 먼지를 툭툭 털어내고 사용할 시간이 왔다. '아니요'라고 할 수 있는 사람은 어느 정도 존엄하고 성숙한 사람이다. '아니요'라고 말하는 법을 배우는 것은 아이의 성장 과정에서도 매우 중요하다. 나를 비롯한 대부분의 부모는 아이들이 순종적이기를 바라겠지만, 아이의 입에서 처음 나온 '아니요'는 성숙과 독립을 향해 내딛는 중요한 첫 걸음을 의미한다. 어느 아동심리학자가 말한 대로 "아이는 이제 한 개인으로서 인격적 존재의 길로 들어섰으며 언어를 이용하여 부모와 거리를 둘 수 있다. 이런 저항은 자율성을 향한 첫 걸음이다."[1]

'인격적 존재의 길로 들어선다'는 생각은 중요하다. 개성personality과 (우리가 '활용'하고 '개발'할 수 있는) 역량competency 같은 통속 심리학 개념과는 달리 인격character이라는 개념은 공유된 도덕적 가치와 연결된다. 제자리에 굳건하게 서서 본질적으로 소중한 가치를 추구하며, 그 가치가 위협받을 때는 '아니요'라고 말할 수 있는 사람에게는 인격이 있다. 이 책에서 나는 '존엄'이라는 단어를 인격과 거의 같은 뜻으로 사용한다. 존엄함이란 최신 유행을 좇는 대신 자신에게 가장 중요한 신념에 따라 살아가는 것을 뜻한다. 존엄함은 시간과 상황을 초월하는 일관된 정체성을 구축하고 지키려는 노력이다.

존엄함의 반대는 노상 '예'라고 말하는 것이다. '예'라고 대답해야 좋고, 새로운 일에 뛰어드는 것이 늘 좋은 일이라는 생각을 결코 의심하지 않는 이런 사람들은 '경박한 사람'이다. 독립적인 사람이 되려면 '아니요'라고 대답할 줄 알아야 한다. '예'라는 대답을 늘 달고 사는 경박한 사람은 누구보다 의존적인 존재들이다. 노상 '예'밖에 대답할 줄 모른다면 (개인적이든 외부적이든) 온갖 일시적 변덕에 희생될 위험이 있다. 무슨 제안에든 '예'라고 답하는 게 늘 좋다는 원칙에 따라 산다면 오래된 사회심리학 용어로 표현해서 '타율적으로 통제되는' 사람이다.

이런 습관을 고치려면 더 많은 자율적 통제가 필요하다. 그렇다고 내면의 느낌이 이끄는 대로 살라는 말이 아니다.

내면의 느낌도 타율적으로 통제되기 쉽다. 커뮤니케이션 중심의 네트워크 사회에서는 내면의 느낌마저 (광고와 같은) 다양한 영향에 좌우된다. 이 책에서 존엄함이라 부르는 진짜 자율적 통제는 도덕적 가치를 충실히 지키고, 의무와 책임의 중요성을 이해하고, 이성적으로 옳고 그름을 판단하는 것이다. 존엄한 사람이라면 '아니요'라고 말해야 할 일이 자주 있을 것이다. 요즘 가속화 문화에는 거절해야 할 만한 일이 너무 많기 때문이다.

숨 막히는
예스 문화

"'예'라고 말하라"는 말은 '예'라고 말하기 어렵지만 '예'라고 말해야 하는 상황에서 보통 쓰인다. 직장에서는 충분히 긍정적이지 않거나, 능력 개발에 매진하지 않는 듯한 사람이 흔히 듣는 충고다. 이 말에 깔린 전제는 '예'라고 말하면 좋고 '아니요'라고 말하면 나쁘다는 것이다. 물론 터무니없는 생각이다. 우리는 '아니요'라고 대답해야 할 온갖 유혹과 권유에 매일 부딪친다. 다행히 제대로 대답할 때도 있다. 그런데 우리보고 왜 '예'라고 말하라고 하는가? 왜 그런 충고가 정당화되는가? 긍정의 '예스 문화'를 더 깊게 파헤쳐보면 그 대답을 찾을 수 있다.

요즘에는 '동기부여 강사'라 불리는 많은 사람이 개인과 회사가 '예'라고 대답하고 발전하도록 돕겠다고 떠들어댄다. 그런 사람 가운데 하나가 토드 헨리Todd Henry이다. 그는 자신의 웹사이트에 〈'예'라고 말하는 법〉이라는 글을 올렸다.

안타깝게도 '아니요'는 그냥 한 단어로 그치지 않는다. 그것은 삶의 방식이기도 하다. 미지의 것을 대하는 우리의 기본 태도가 뒤로 물러서거나 머뭇거리거나 그냥 안 하는 것이라면 우리는 삶이 우리에게 제공하는 가장 좋은 것들을 거절하는 셈이다. …… 창조성은 항상 '예'와 함께 시작한다. 창조하는 것은 먼저 위험에 '예'라고 말하는 것, 그다음은 그 위험을 받아들이고 극복하는 것이다. 모든 창조가 성공적이지는 않지만 모든 창조 행위는 용기 있는 행동과 함께 시작한다. 나는 '예'라고 말하는 행동은 그것만으로 이미 성공적인 결과를 이루었다고 평가한다. '예'라고 계속해서 말한다면 결국 가치 있는 무언가를 이루게 될 것이다. 당신은 '예'라고 대답하는 자세로 살고 있는가? [2]

토드 헨리는 '창조성'과 '용기' 같은 긍정적 단어들을 글에 섞어 쓰면서 이런 단어들을 '예'라는 대답과 연결한다. '창조성'이나 '용기' 같은 단어를 언급하는 글은 대개 우리가 영감과 동기를 찾고, 우리 내면에 진실해야 한다는 생각을 기반으로 한다. 곧, 내면에 집중하고 (주로 용기 있게 '예'라고 대답하면서) 내면을 계발하며 살아야 한다는 생각이다. 우리는 목표를 세우고 창조적이고 용감한 사람이 되어 그런 삶을 살되, 다른 사람이 아닌 자신이 원하는 것을 해야 한다. 물론 모순적인 이야기다. 요즘 우리는 스스로 목표를 세우고 성공을 위해 분투하며 '우리가 원하는 대로' 살아야 하지만 그러는 내내 '예'라고 대답해야 한다. 이처럼 서로 연결된 요구들에 '예'라고 대답하지 않으면 잘못으로 여겨지는 세상이다. 어쩌면 '아니요'라는 말을 왜 그리 자주 하냐는 말을 듣게 될지도 모른다. 그리고 물론 요즘 세상에서 그것은 분명히 잘못된 일로 여겨진다. 당신이 '원해서' "아니요"라고 대답했는데도 말이다.

그렇다고 토드 헨리를 비롯한 '예스' 전도사들이 무조건 틀렸다는 말은 아니다. 사실 어떤 면에서는 맞는 말이다. 그러나 '예'라는 답변만 옳다고 여겨진다면 문제다. '예'라는 대답을 모두 갖다버리라는 게 아니라 다양한 대답을 할 줄 알아야 한다는 말이다. "아니요", "글쎄요", "잘 모르겠네요", "조금 더 생각해보겠습니다" 같은 대답도 할 수 있어야 한다.

두 번째 단계에서 배웠듯이 부정과 비판을 금지하는 일은 무엇보다 인간 본성에 어긋난다. 아무도 그렇게 살 수 없고, 그렇게 살아서도 안 된다. 그렇게 살려고 애쓰다가는 스트레스와 우울에 빠질 것이다. 모두 알다시피 사람은 서로 다르다. 쾌활한 사람도 있고 더 우울한 사람도 있다. 우울한 사람들은 긍정적 태도와 끊임없는 변화를 요구하는 사회를 따라가지 못하는 것처럼 보이지만 조금 우울한 기질이 있다고 해서 잘못은 아니다. 어쩌면 단단하게 서 있기가 더 쉬워지므로 도움이 된다고도 할 수 있다. 게다가 항상 '예'라고 말하는 것은 다소 노예 같은 일이다. 그러므로 사람들에게 '예'라고 말하도록 강요하는 짓은 비열하다. 이런 요구는 사람들을 뿌리를 내리지 못한 채 언제든, 어느 곳으로든 지시받는 대로 가야 하는 한낱 하인 같은 존재로 만들어버린다.

그런데 왜 '예'라는 대답이 '아니요'보다 유행할까? 나는 두 가지 주된 이유가 있다고 생각한다. 첫째는 고속화 문화의 특징인 빠른 속도와 변화하는 성질 때문이다. 실제로 유동하든 안 하든, 모든 것이 유동한다고 느껴질 때 '예'라는 대답은 그럭저럭 '괜찮은' 사람이 되는 방법이다. '예'라는 대답은 지금 진행 중인 변화를 따라갈 만큼 충분히 진취적인 사람으로 보이게 한다. 덴마크 철학자 아네르스 포그 옌센Anders Fogh Jensen은 우리 시대를 '프로젝트 사회'라 부른다. 이제 온갖 활동과 업무가 프로젝트로 여겨진다. 이런 프로젝트들은 종종 일시적이며 단기적이고 되풀이될 수 있다.[3] 그는 프로젝트 사회를 살아가는 우리가 능력을 최대한 활용하기 위해 많은 약속과 프로젝트로 우리 자신의 일정을 (마치 항공사들처럼) '오버 부킹'하는 세태를 묘사한다. 이제 우리가 삶에서 해야 할 일들은 그저 '프로젝트'가 되고 말았다. 이런 프로젝트들은 물론 '일시적'이다. 무언가 더 흥미로운 일이 우리 레이더에 나타난다면 그냥 중단된다. 그뿐 아니라 우리가 프로젝트에 '예'라고 대답해야 한다는 생각이 널리 퍼졌다. 있는 힘을 다해 열광적으로 '예!'라고 대답하는 능력이 가속화 문화에서는 꼭 필요하다. 입사 지원서에 두 줄로 강조할 만한 능력으로 격상되었다. 가속화 문화에서는 새로운 도전에 "예"라고 말하는 것은 의심할 여지없이 좋은 태도이며 "고맙지만 안 하겠습니다"라는 공손한 답변은 변화하려는 의지와 용기가 없는 태도로 해석된다.

'예'가 '아니요'보다 훨씬 인기 있는 두 번째 이유는 자신이 진취적이지 못하거나 '어수룩한' 사람으로 보일지 모른다는 사회적 두려움 때문이다. 이런 생각은 정보나 기회를 놓칠지 모른다는 두려움에서 나온다. 이 두려움을 요즘에는 종종 'FOMO Fear of Missing Out'라는 축약형으로 부른다. 이런 사람들은 그냥 매력적으로 보이고 싶고, '고용할 만한' 사람으로 보이고 싶기 때문만이 아니라, 유한한 삶을 '최대한 이용'하는 것이 중요하다고 생각하기 때문에 '예'라고 대답한다. 우리는 할 수 있는 한 짧은 시간에, 할 수 있는 한 많은 것을 보고 들어야 한다. 서론에서 인용했던 인터콘티넨털 호텔 광고를 다시 인용하자면 "모두 둘러보기 전까지는 마음에 드는 장소를 고를 수 없다." 그러니까 '예!'라고 외치며 인생의 모든 매혹적인 기회를 잡지 않는다면 우리를 흥분시키는 일로부터, 모험으로부터, 삶의 최대치로부터 멀어질 것이다. 진짜 그런가? 아마 짐작했겠지만 이런 생각은 이 책에서 제안하는 스토아 철학의 이상과는 정반대다. 스토아 철학자들은 긍정적인 경험이야 조금도 나쁘지 않다고 생각하지만, 할 수 있는 한 긍정적 경험을 좇는 것이 삶의 목적이라고 생각하지는 않았다.

사실 '예스' 철학을 되뇌며 최신 유행 기기로 무장한 채 온갖 기회를 좇다 보면 스토아 철학에서 가장 소중하게 여기는 마음의 평화를 얻지 못한다. (무언가 놓치지 않을까 하는 두려움 때문에) '아니요'라고 말할 능력이 없는 사람은 결국 길을 잃는다. 한 발짝 뒤로 물러나 현재 상황을 이해하기가 어려워진다. 가속화 문화는 마음의 평화를 바라지 않는다. 오히려 문제로 여긴다. 마음이 평화로운 사람들은 온갖 종류의 (비합리적) 요구와 요청에 제동을 걸 만큼 침착한 사람들이다. 그리고 이런 침착함은 유동적이고 유연하며 변화무쌍한 개인을 이상으로 내세우는 시대에서는 장점으로 인정받지 못한다.

위험사회의 해독제, 의심

'예'를 옹호하는 사람들은 '아니요'라고 답하는 사람들을 용기가 부족하고 융통성이 없으며 지나치게 몸을 사린다고 비난한다. 하지만 확실성에 목을 매다는 쪽은 오히려 '예스' 철학 전도사들이다. 앞서도 얘기했지만 '예'가 유행하는 이유는 두려움 때문이다. 따라잡지 못할까 봐, 놓칠까 봐 두려워하기 때문이다. 이런 두려움을 없애려면 '예'라고 대답해야만 한다. 물론, 그렇게 대답해도 두려움을 모두 없애지는 못한다. 대체로 '예스' 철학 전도사들은 자신들이 무엇이 옳은지 안다고 확신한다. 그들은 '예'가 긍정적 태도와 능력개발로 이어지므로 '예'라고 말해야 하고, '예'라는 답이 좋고 옳다고 믿는다. '예'라고 말하는 것이 옳은 길임을 "압니다"라고 그들은 말한다. 그러나 스토아 철학자들은 반대로 주장한다. '예'라고 말하는 것이 옳은지 "알지 못합니다"라고 말한다. 그래서 의심을 선호한다. 의심할 때 우리는 으레 '글쎄요'라고 답한다. 그러니 '글쎄요'라는 대답을 늘 준비해두라. 달리 말해, (검증되지 않은 확신으로) "긁어 부스럼" 만들지 말고 그냥 놔두라.

어떤 면에서 요즘 세상은 확실성을 그 어느 때보다 찬양한다. 확실성은 좋고 의심은 나쁘다고 여긴다. 물론 확실성을 숭배하는 동시에 모든 것이 끊임없이 발전하고 달라져야 한다고 주장하는 것도 모순적이다. 어쩌면 우리는 멈춤 없는 현대 세상에서 확실성을 찾지 못하기 때문에 확실성을 숭배하는 것은 아닐까? 우리는 의심을 없애고 확실한 답을 얻기 위한 방법을 온갖 상황에서 고안해내고 있다. 이는 정치적 결정(정치사상보다는 경제적 계산을 토대로 내려질 때가 점점 많다)부터 일상생활(사람들은 점점 늘어나는 사고와 위험을 막기 위해 애를 쓴다)과 직업(성과를 증명할 근거가 필요하다. 우리는 교사의 활동이 원하는 '학습 성과'를 올렸는지 '알고' 싶다)에 이르기까지 모든 분야에서 일어난다. 그와 더불어 우리가 덜 의심하고, 적절하게 행동하게 만들려는 다양한 윤리 수칙이 만들어진다. 의심은 우유부단한 사람, 약한 사람, 정보를 모르는 사람들이나 하는 일로 치부된다. 이 사회에서 의심하는 사람은 의심을 멈추고 '예'라는 대답을 짜내야 한다.

의심과 불확실성이 이렇게 인기 없는 이유는 아마 우리가 사회학자들이 '위험사회'라 부르는 곳에 살고 있기 때문일 것이다. 위험사회에서는 발전, 특히 기술발전의 부산물로 새로운 위험이 끊임없이 생겨난다. 환경 위기, 기후 위기, 금융 위기 모두 기술발전의 부산물이다. 이로 인한 한 가지 결과는 '확실성의 윤리'가 찬양받는 세상이 되었다는 것이다. 확실성의 윤리에 따르면 확실한 지식을 갖는 일이 중요하다. 경제 문제인지 건강 문제인지 교육 문제인지 심리 문제인지에 상관없이 확실성을 확립하기 위해 과학이 동원된다. 다른 사람들이 당신 말에 귀 기울이게 하려면 당신은 자신감에 충만해야 하고, 자신감 있게 선언해야 한다. "연구에 따르면 뇌의 세로토닌 결핍이 우울증의 원인이다." "우리는 아이들이 네 가지 방식으로 배운다는 것을 안다." "우리는 드디어 정신병을 다루는 진단체계를 갖추게 되었다."

의심은 이런 확실성의 해독제이다. 본질적으로 확실성은 독선적이다. 반면에 의심에는 중요한 윤리적 가치가 있다. 어떻게 아냐고? 생각해보라. '나는 안다'는 확신 뒤에는 맹목성이 뒤따르기 쉽다. 특히 '예'라는 대답이 확실히 최선이라는 확신은 그 자체로 맹목적이다. 반면에 의심은 열린 생각을 낳는다. 다르게 행동하는 방법과 세상을 달리 이해하는 길이 열린다. 내가 '안다면' 나는 다른 사람 말에 귀 기울일 필요가 없다. 그러나 내가 의심한다면 다른 사람의 관점을 더 중요하게 여기게 된다. 가속화 문화에서 의심하는 사람은 과거를 자꾸 돌아보며 속도를 늦추기 때문에 문제가 된다. 내면의 느낌이 이끄는 대로, 긍정적 자세로 신속히 결정할 것을 요구하는 가속화 문화는 의심하는 느린 사람에게 어울리지 않는다.

초등학교부터 대학까지 우리는 '알기' 위해 배운다. 하지만 우리는 또한 의심하는 법을 배워야 한다. 망설이는 법을 배워야 한다. 다시 생각하는 법을 배워야 한다. 철학자 사이먼 크리츨리Simon Critchley와의 인터뷰로 구성된 『삶을 멈추고 걱정을 시작하는 법How to Stop Living and Start Worrying』은 자기계발 철학을 거꾸로 뒤집은 책이다. 보통 우리는 "걱정 그만하고 '예'라고 대답하면서 삶에 뛰어들어!"라는 소리를 듣는다. 그러나 크리츨리는 의심과 걱정, 망설임을 미덕으로 여긴다. 모두 한결같이 '예'라고 말한다면 우리는 예스 철학(그냥 해!)의 위험을 간과하게 된다. 우리가 이런 위험을 깨닫지 못하면 어떻게 될까? 크리츨리는 이렇게 말한다. "인간은 행복한 소떼로 전락하고 맙니다. 우둔한 소떼의 만족을 행복이라고 제도적으로 착각하게 되지요(그런데 이건 소들에게 조금 모욕적인 말인 것 같군요.)"[4] 크리츨리가 도발적으로 표현한 것처럼 예스 철학 뒤에는 웃는 소떼가 있다.

의심의 윤리란 우리가 더 많이 의심하고 더 자주 '아니요', '글쎄요'라고 말해야 한다는 생각이다. 이런 의심의 윤리에는 우리 자신이 누구인지 끊임없이 의심해야 한다는 의지가 포함되어 있다. 요즘에는 심리학자, 심리치료사, 자기계발 코치, 점성술사 들이 우리가 진짜 누구인지 확신을 주겠다며 서로 경쟁한다. 하지만 아마 조금 더 의심하는 것이 우리가 누구인지 깨닫는 데도 도움이 될 것이다. 노르웨이의 노장 범죄학자이자 사회학자인 닐스 크리스티 Nils Christie 는 이렇게 말한다.

어쩌면 우리는 우리가 누구인지, 그리고 다른 사람들이 누구인지를 최대한 고민하는 사회제도를 만들기 위해 애써야 할지 모릅니다. 우리와 다른 사람들을 풀어야 할 수수께끼로 재창조해야 합니다. 정신과 의사들이 해야 할 몫이 있다면 그들의 환자들이 얼마나 복잡한 존재인지 알리는 것입니다. 정신과 의사들은 자신들이 만나는 사람들을 소재로 단편소설을 써야 합니다. 그렇게 하면 변호사를 비롯한 사람들이 인간과 인간의 행동을 더 잘 이해할 수 있을지 모릅니다.[5]

문학의 역할이라는 주제는 6장에서 다시 살펴볼 것이다. 단편소설과 소설이 어떻게 자기계발서와 전기傳記와는 뚜렷이 다른 방식으로 존재의 복잡성을 보여주는지를 다루겠다.

지금까지 우리가 이야기한 것을 정리하면 이렇다. 의심이 들 때는 주로 '아니요'라고 답하라. 의심이 들지 않는다면 의심을 해야 할지 생각해보라. 앞서도 얘기했지만 노상 '아니요'라고 대답하거나 늘 의심하라는 말이 아니라, 의심을 하거나 '아니요'라고 답하는 일이 결코 잘못된 게 아니라는 말이다. 더 나아가 '아니요'를 더 일상적으로 말할수록 자기 두 발로 굳건히 서기가 쉬워지며 삶의 중요한 일들에 충실할 수 있다. 노상 '예'라고 말하는 사람은 누군가 '이봐, 이리 와봐!'라고 말할 때마다 지금 자신이 해야할 일을 뒤로 미뤄야 할 것이다.

아마 지금쯤이면 이 책이 뿌리 없는 개인을 찬양하는 가속화 문화의 대안을 제시하려다가 풀 수 없는 모순에 빠진게 아닌가 하고 생각하는 독자도 있을지 모른다. 의심을 해야 한다면서 어떻게 굳건히 서 있을 수 있단 말인가? 의심이 미덕이라면 무엇을 믿고 단단히 서란 말인가?

바로 의심을 토대로 단단히 서 있으라는 말이다. 망설일 권리, 다시 생각할 권리를 주장하라는 말이다. 진부하게 들릴지 모르겠으나 내가 보기에는 사실 꽤 심오하고, 엄청난 윤리적 가치를 지닌 대답이다. 거의 모든 정치적 폭력은 자신들이 진실을 안다고 확신하는, 권력 있는 남자들이 저지른다. "우리는 대량살상무기가 있다는 것을 '안다'!" "우리는 유대인이 열등하다는 것을 '안다!'" 정치와 윤리, 살아가는 방식에 관한 한 망설이고 의심하는 것이 인간적이다. 답을 알 수 없고, 때로는 문제도 알 수 없는 위험사회에서 '의심'은 우리가 믿고 설 만한 토대다. 또한 우리가 의심하는 것을 토대로도 단단히 서 있을 수 있다.

철학자 리처드 로티Richard Rorty는 이런 삶의 방식을 실존적 이상으로 제안했다.[6] 그는 이것을 일종의 실존적 아이러니로 설명한다. 그러니까 우리의 세계관이 많은 세계관 가운데 하나일 뿐임을, 언젠가는 그 세계관을 따라 살아야 할 정당한 이유가 바닥나리라는 점을 인정하라는 말이다. 그렇다고 다른 세계관을 찾아 돌아다니라는 말이 아니다.

자신의 세계관을 토대로 단단히 서되 다른 사람들은 다른 세계관을 가질 수도 있음을 받아들이는 것이 이상적이다. 이런 태도를 '관용'이라 부른다.

독일 철학자 한나 아렌트Hannah Arendt는 인간의 조건을 다룬 유명한 책에서 의심의 윤리를 이렇게 표현한다. "진실이 없다 해도 사람은 진실할 수 있다. 믿을 만한 확실성이 없다 해도 사람은 믿을 만할 수 있다."7 아렌트는 스토아 철학자는 아니지만 이 문장은 스토아 철학의 신조 가운데 하나를 너무도 아름답게 표현했다. 그리고 이는 21세기 가속화 문화에 무엇보다 적절하다. 어쩌면 절대 진리라는 것이 없을지 모르지만 바로 그렇기 때문에 우리 삶의 절대적 진리를 창조하는 것도 우리의 몫이다. 빠르게 변화하는 세상에 확실성 같은 것은 없지만 바로 그렇기 때문에 우리가 믿을 만해야 한다. 미쳐 날뛰는 세상에서 질서 있고 일관성 있는 섬을 창조해야 한다. 이런 섬을 창조하려면 '아니요'라고 말할 능력이 있어야 한다. 이런 의미에서 '아니요'는 군건히 서기 위한 전제 조건이다.

거절하는
기술

이상적으로 말해, 우리 일터는 '예' 못지않게 '아니요'라고
도 말할 수 있는 곳이어야 한다. 그러니까 순순히 동의하
는 것 못지않게 왜 어떤 일이 제대로 되지 '않을지'를 지
적하는 것도 인정받을 수 있어야 한다. 그런데 주로 발전
의 이름으로 밀어붙이는 혁신안들이 오히려 상당한 시간
과 노력을 낭비할 때가 많다. 새로운 체계와 업무를 감당
할 만큼 역량을 개발하고 나면 (다시!) 구조 혁신이 일어난
다. 그러니 변화의 소란을 수습하려면 매달 몇 번은 '혁신
안'을 거절해야 한다고 정하는 조직 관례가 필요하다.

경영자들은 온통 흥분에 휩싸여 '새로운 비전'을 내밀며
직원들이 고개를 끄덕이도록 강요해서는 안 된다. 경영자
들도 질문을 해야 한다. 우리가 잘라내야 할 일, 불필요한
일은 무엇일까? 이때 목표는 효율성이라는 신성한 이름으
로 린 경영lean management(생산에서 판매까지 불필요한 낭비를

최소화하는 체계적인 경영-옮긴이)을 실천하는 것이 아니라 사람들이 일의 본질에 집중하도록 돕는 것이다. 연구자는 연구할 수 있고, 외과 의사들은 수술할 수 있고, 교사들은 가르칠 수 있고, 사회복지와 의료 전문가들은 사람들을 도울 수 있도록 말이다. 자료 입력과 평가에 시간을 낭비하는 대신 진짜 일을 할 수 있게 해야 한다.

그러나 당신이 다니는 직장에 '아니요'라고 말하는 분위기가 조성되어 있지 않다면 (또는 직장이 없다면) 이 어려운 기술을 혼자 연습하기 시작하라. 처음에는 의욕이 넘쳐서 모든 요구에 그냥 '아니요!'라고 대답할지 모른다. 물론, 그렇게 해서는 안 된다. 타당한 이유가 있을 때만 '아니요'라고 말하라. 제안이 불쾌하거나 모욕적이거나 굴욕적이기 때문일 수도 있고, 당신이 이제부터 너무 많은 '프로젝트'를 짊어지지 말아야겠다고 결심했기 때문일 수도 있다. 어쩌면 다른 사람들(아이들, 친구들, 동료들)이 당신의 '프로젝트'가 아니라 당신이 헌신해야 하는 사람들이라는 사실을 깨달았기 때문일 수도 있다. 앞서도 말했지만 무엇에 '아니요'라고 말할지는 그냥 내면의 느낌만으로 결정해서는 안 된다. 그러면 무엇을 바탕으로 결정해야 할까?

스토아 철학자들은 이성에 묻길 추천한다. 사실 '아니요'라고 말하는 게 합당한 일들이 많다. 예를 들면 이미 맡은 일을 모두 끝내기 전까지는 다른 프로젝트에 '아니요'라고 말하는 것이 옳다. 새 프로젝트가 아무리 흥미롭게 들려도 말이다. 놓치고 싶지 않다는 마음 때문에 '아니요'라고 말하기 힘들지도 모른다. 본 장의 서두에서 매일 적어도 다섯 가지는 거절하라고 추천했다. 어쩌면 다소 심한 요구일지도 모른다. 특히 아주 오랫동안 '예'라는 대답을 입에 달고 살던 사람에게는 힘든 일이다. 그러니 그동안 반대하고 싶었거나 불필요하다고 생각했지만 어쨌든 계속하고 있던 일에 '아니요'라고 말하도록 노력하라. 또 있다. 많은 직장에서 지루한 회의를 계속 고집한다. 모두들 이런 회의를 두려워한다. 두려워하는 게 당연하다. 회의를 하자는 제안에 '아니요'라고 말하고, 하던 일을 하고 싶다고 설명하라. 미소를 지으며 '아니요'라고 말하라.

스토아 철학의 목표는 괴팍한 반대론자가 되는 것이 아니라(반대는 목적을 달성하기 위한 수단일 뿐이다) 가속화 문화에서 마음의 평화를 찾는 것이다. '아니요'라고 자주 말하지 못하겠다면 늘 되돌아보고 다시 생각할 수 있도록 의심하고 망설이는 연습을 하라. 그럴 때는 '예'라고 말하는 대신에 '생각해보겠습니다'라고 말하면 된다.

Stand Firm

4장

참다

당신이 항상 발랄하고 긍정적이라면 다른 사람들은 당신의 끊임없는 열정에 조금은 거짓이 섞이지 않았나 생각할지 모른다. **당신이 화를 참지 못한다면** 사람들은 당신을 제멋대로 구는 어린아이처럼 취급할 것이다. 어른들은 진정 성보다는 존엄성을 선택해야 한다. 그러니 당신의 **감정을 절제하는 연습을 하라.** 이를테면 당신을 모욕했거나 불쾌하게 했던 사람을 하루에 한 번쯤 떠올리며 환하게 미소 짓는 연습을 하라.

감정 조절
능력

앞에서 제시한 세 단계에서는 내면 탐색에 쓰는 시간을 줄이고 삶의 부정적인 면에 주목하며 '아니요'라고 더 자주 말하라고 충고했다. 하지만 그쯤에서 멈춘다면 당신은 아마 짜증과 화를 잘 내는 괴팍한 사람이 될 것이다. 어쩌면 난폭운전을 하거나 끊임없이 동료를 흉보고 다니는 공격적인 사람이 될지도 모른다. 그러니 이 책을 계속 읽는 게 중요하다. 우리는 감정, 특히 부정적 감정을 통제해야 하며 가끔은 완전히 억눌러야 한다.

여기에서 '부정적 감정'이라고 말하는 것이 무엇일까? 죄책감, 부끄러움, 화 같은 감정들은 부정적으로 여겨진다고 해서 나쁘거나 완전히 없애야 할 감정은 아니다. 사람이라면 누구나 그런 감정을 느낄 수 있다. 그런 감정은 우리 삶에서 일어나는 부정적인 사건들에 대한 반응이다. 부정적인 일이 일어났을 때 우리 감정이 우리에게 신호를 보낼 수 있다는 것은 좋고 바람직한 일이다. 우리가 때때로 듣는 말과는 반대로 우리 인간이 죄책감과 부끄러움을 느낄 수 있다는 것은 무척 중요하다. 죄책감을 느끼지 못하는 사람은 자신을 자신의 행동에 책임지는 도덕적 행위자로 여기지 못한다.

죄책감은 우리가 무언가를 잘못했다고 말해주는 감정이다. 죄책감이 부정적인 감정이라 해도 우리가 삶을 충만하게 살려면 반드시 필요하다. 부끄러움도 마찬가지다. 부끄러움을 느끼지 못하는 사람은 자신의 말과 행동이 주변 사람에게 어떻게 보일지 알지 못한다. 부끄러움은 우리가 공동체에서 인정받지 못할 방식으로 행동하고 있음을 알려주는 신호다. 부끄러움을 느끼지 못한다면 스스로 생각하는 성숙한 존재가 되기 힘들다. 앞장에서 간략히 언급했던 인격과 고결함을 갖춘 사람이 되기 힘들 것이다.

발달심리학의 관점에서는 기독교의 천지창조 이야기인

창세기를 부끄러움의 이야기로 볼 수 있다. 처음에 아담과 이브는 사실상 동물이었다. 도덕규범이 없는 벌거벗은 원숭이였다고 할 수 있다. 선악과를 먹은 뒤 그들은 선과 악을 알게 되었고 자신들의 벌거벗은 몸을 부끄럽게 여기기 시작했다. 하느님은 그들에게 옷을 주었고 천국 같은 (그러나 실은 짐승 같았던) 상태를 떠나도록 했다. 그때부터 아담과 이브는 사람이 되었다.

인간성은 도덕성과 떼려야 뗄 수 없을 정도로 묶여 있으며 도덕성은 부끄러움과 함께 시작된다. 창세기 신화가 심리학적 진실을 조금이라도 반영한다면 바로 인간됨은 부끄러움을 느끼는 능력과 밀접하게 연결되어 있다는 것을 보여준다. 부끄러움을 통해 우리는 다른 사람이 우리를 보는 대로 우리를 보고 우리가 진짜 누구인지 평가한다. 부끄러움이 없다면 우리는 스스로 생각할 의식적 능력을 지닌 인간이 되지 못할 것이다. 달리 말해 우리 자신과 관계를 맺을 능력을 키우지 못한다. 우리 자신과 관계를 맺는 능력은 이성에 바탕을 둔 삶을 살기 위한 전제조건이다.[1]

따라서 요즘 부모들이 자녀들을 죄책감과 부끄러움으

로부터 끊임없이 보호하려는 태도는 걱정스럽다. 죄책감과 수치심은 아이들을 도덕적 우주로 이끌어, 아이들이 그 우주 속에서 (바라건대) 책임 있는 주주로 차츰 성장하도록 이끌어줄 감정이다. 내가 어렸을 때는 사람들이 아이들에게 이렇게 말하곤 했다. "부끄러운 줄 알아야 한다!" 요즘은 이런 말을 거의 듣지 못한다. 안타까운 일이다. 궁극적으로 우리는 부정적 감정의 중요성을 인정해야 한다. 물론 기쁨이나 자부심, 고마움 같은 긍정적 감정도 마찬가지로 중요하다. 하지만 요즘 몇몇 분야에서 유행하는 것처럼 감정을 절대적으로 신뢰하지는 않도록 조심할 필요가 있다.

미래학자들은 '감성 사회the emotional society'를 말하고, 심리학자들은 '감성지능'을 찬양한다. 또한 '진정성'(대다수 사람들이 이상으로 여기는) 있는 삶을 살기 위해 느끼는 대로, 부정적 감정이든 긍정적 감정이든 표현해야 한다는 생각이 널리 퍼져 있다. "행복을 느낀다면 거침없이 노래하고 춤추라." "화가 난다면 제발 그 화를 억누르지 마라." 감정을 억누르면 진정성이 없다." 그러나 이 책의 네 번째 단계에서는 이처럼 진정한 감정을 광신적으로 숭배하는 태도의 문제를 알아야 하며, 감정을 억제하는 법을 익혀 그 문제를 막아야 함을 제안한다. 감정을 억제하면 진정성을 잃게 될지 모른다. 하지만 어쨌든 진정성이라는 개념 자체도 믿을 만하지 않다. 어떻게 해서든 진정성을 지키려고 애쓰는 대신에 존엄성을 지키기 위해 애쓰는 합리적인 어른이 되어야 한다. 그러려면 자신의 감정을 조절하는 능력이 필요하다.

기분
사세요!

고속화 문화는 감성 문화이기도 하다. 앞에서 말한 대로 우리 시대의 특징을 설명하기 위해 '유동하는 근대'라는 개념을 소개한 지그문트 바우만은 우리 문화가 금기를 바탕으로 한 문화에서 명령을 바탕으로 한 문화로 진화했다고 설명한다.[2] 감정과 도덕성을 보는 관점도 함께 달라졌다. 금기에 바탕을 둔 문화에서 도덕성은 우리가 하거나 생각해서는 안 되는 것을 판단하는 일련의 규칙들로 구성된다. 예를 들어, 프로이트의 정신분석은 금기에 바탕을 둔 문화를 분명히 반영하고 있다. "사회는 성 충동처럼 금지된 감정을 억누르고 기존 규범에 따라 승화시키기를 우리에게 요구한다. 그렇게 하지 못하면 우리는 신경증에 걸린다. 신경증은 지나친 충동과 감정에 대한 정신병리적 반응이다." 그러나 요즘 신경증은 더 이상 주된 정신질환이 아니다. 신경증이라는 개념은 최근 진단 체계에는 잘 등장하지도 않는다. 거칠게 말해 신경증은 우리에게 뿌리를 내리라고 요구하는 사회, 정서적으로 안정되고 변함없는 삶을 요구하는 사회에서 사람들이 앓는 증상이다. 과거 사회에서는 이처럼 요구하는 삶을 살지 못한 이들이 신경증이라는 증상을 쉽게 얻곤 했다. 그러나 요즘에는 유동성이 안정성을 대체했다. 도덕은 이제 더 이상 금기(안 돼!)에 바탕을 두지 않고 명령(해!)에 바탕을 둔다. 예전에는 억눌러야 했던 감정을 이제는 드러내라고 한다.

가속화 문화는 감정적이며 모험적이고 욕심 많은 사람을 비판하지 않는다. 감정 과잉도 더 이상 문제로 여겨지지 않는다. 오히려 감정 결핍이 문제가 된다. 언젠가 어느 섹스 테라피스트가 하는 말을 들었는데 예전에는 지나친 리비도 때문에 클리닉을 찾는 고객이 많았던 반면 요즘에는 부족한 리비도 때문에 상담하러 오는 경우가 많다고 한다. 요즘은 '지나치게 유동적인' 사람들이 아니라 '지나치게 안정적인' 사람들을 문제로 여긴다. 유동성과 변화, 자기계발을 줄기차게 요구하는 요즘 사회의 기준으로 보기에 안정적인 사람들은 적응할 동기와 충동, 욕망이 부족한 사람들로 여겨진다. 정신장애는 더 이상 신경증이 아니라 활기 부족과 공허감 같은 증상을 일컫는 우울증이다. 요즘에는 감정과 충동이 문제가 되지 않는다. 곧, 지나치게 많이 원하는 것 때문에는 문제가 생기지 않는다.

오히려 얼마나 지나쳐야 '지나치다'고 말할 수 있는지에 대한 개념마저 달라졌다. 발전과 변화를 가장 가치 있는 덕목으로 여기는 사회에서 '지나치다'의 개념이 계속 달라지고 있다. 가속화 문화에서는 지나치게 많이 원하는 것 같은 일은 없다. 오히려 더 많이 원하는 사람이 이긴다. 이제 문제는 '에너지 문제'로 표현되기도 한다. '나는 결코 충분히 하지 못해!' '나는 동기와 감성, 열정이 충분치 않아!'

'열정'이라는 개념이 얼마나 많은 영역에 스며들었는지 살펴보라! 예를 들어 전형적인 라이프스타일 코치들은 고객들에게 충분히 열정적으로 살고 있냐고 묻는다. 이런 코치의 말을 해석해보면 요즘 우리가 살아가는 명령 문화의 정밀한 초상을 볼 수 있다.

열정적이어야 합니다. 좋아하는 일을 해야 하고 직장에 가는 일이 즐거워야 하며 변화를 만들어내야 합니다. 이런 것들이 제가 살아가는 세상과 산업에서 번성하는 믿음입니다. 그래서 저는 너무 운이 좋습니다.[3]

가속화 문화에서는 '열정' '사랑' '재미' 같은 단어들이 점점 우리의 일과 연결된다. 그래서 미국의 사회학자 에바 일루즈Eva Illouz는 현대를 경제와 감정이 서로 뒤얽히는 '감정 자본주의emotional capitalism'라 부른다.[4] 감정 자본주의는 감정의 문화다. 감정 자본주의에서 감정은 개인 사이의 거래에서 중요한 몫을 한다. (직업 시장이든 사랑 시장이든) 시장에서 우리를 매력 있게 만드는 것은 우리의 감정

능력이다.

'감정노동'의 개념은 사회학 도서들에 잘 설명되어 있다. 감정노동은 오랫동안 서비스 분야의 특징이었다. 예를 들어, 비행기 승무원들은 긴장하거나 초조한 승객들의 사기를 북돋우기 위해 항상 미소 지으며 쾌활한 모습을 보여야 한다. 혹사당할 때에도 긍정적이고 편안한 태도로 응대해야 한다. 무척 힘든 일이다. 심지어 몇몇 항공사는 승무원들을 연기 학원에 보내기도 한다. 긍정적 감정을 끌어내는 법을 배우도록 말이다.[5] 이런 수업은 몇몇 배우들이 좋아하는 '메소드 연기method acting'와 상통한다. 우리는 행복한 척하는 승무원이 아니라 '진짜' 행복한 승무원을 원한다. 어떤 감정을 '연기'만 하는 게 아니라 실제로 '느껴야' 한다. 핵심은 그 감정을 진짜 느끼는 '진정성'에 있다.

이런 감정노동은 서비스 분야에서 거의 모든 분야로 퍼졌다. 수평적 경영 구조에 팀 활동이 많은 조직에서는 인간관계에서 긍정적이고 협동적이며 유연하게 대처하는 능력이 중요하다. 그러므로 직장에서도 핵심 능력은 개인적, 사교적, 정서적인 능력이다. 경영자도 마찬가지다. 그들도 똑같이 열정적이어야 한다. 사실상 감정적 삶이 상업화되거나 상품화되었다. 우리는 노동 시장에서 감정을 사고판다. 감성 역량(또는 심리학 유행어로 표현하자면 감성 '지능')이 부족한 사람은 다른 사람과 잘 지내는 능력을 개발하기 위해 개인 성장 프로그램에 보내질 각오를 해야 한다.

앞서 말한 대로 지나치게 내면을 들여다보는 일은 좋지 않다. 내면 탐색은 해결책보다는 문제에 속한다(해결책도 자기계발에서 잘 쓰는 가짜 용어다). 자기계발 강좌를 듣는 대신에 감성 문화의 기원으로 관심을 돌려보면 어떨까? 1970년대 후반에 발표한 유명한 분석에서 역사학자 리처드 세넷은 '공적 인간의 몰락the fall of public man'에 대해 말했다.[6] 공적 인간이란 공적 영역에서 정해진 관습에 따라 행동하던, 옛 금기 문화에서 살던 사람들을 말한다. 공적 인간은 다른 사람 앞에서 감정을 내보이며 진정성 있게 행동하기보다는 가면을 쓴다.

세넷은 진정성이라는 이상이 득세하면서 이런 공손한 사회적 관습이 어떻게 점점 사라져갔는지 설명한다. 진정성이라는 이상은 특히 1960년대 반문화 운동 시대에 세력을 얻었다. 사람들은 (이를테면 악수하기 같은) 기존 관습을 미심쩍게 여겼으며, 이런 관습이 사람 사이의 자발적이고 창조적이며 친밀한 만남을 억압한다고 해석했다. 그러나 세넷에 따르면 그런 생각은 틀려도 너무 틀렸다. 그는 사람들이 문명화된 방식으로 함께 시간을 보내려면 관습이 필요하다고 주장한다. 공적 영역에서 특정한 사회적 관습을 따르는 것을 진정하지 못하다고 말할 수는 없다. 세넷에 따르면 우리는 친밀하지 않고 관습적인 것들이 도덕적으로 옳지 않다는 잘못된 생각 때문에 고통받고 있다. 그는 심지어 현대는 관습을 경멸하기에 이르렀고, 그래서 우리는 가장 단순한 삶을 사는 수렵채집인들보다 문화적으로 더 원시적이 되었다고 말한다.

감성과 진정성을 좇는 현대 사회에서는 세넷이 '친밀함의 독재tyranny of intimacy'라 부른 현상이 일어난다. 개인생활에서든 학교에서든 직장에서든 감정을 토대로 한 진정한 만남이 인간관계의 이상이 되지만, 이런 이상 때문에 사람들은 끊임없이 서로에게 상처를 주게 될 뿐이다. 혹시 요즘 학교와 직장에서 따돌림 현상이 유행병처럼 번지는 것도 바로 사회적 관습이 부족한 탓이 아닐까? 우리는 이제 '공손함'이나 정중함이 무엇인지 모른다. 세넷은 '공손함'이나 정중함을 사람들이 서로 함께하는 시간을 즐기면서도 서로에게서 서로를 보호하는 사회적 관습이라 정의했다.

『공적 인간의 몰락The Fall of Public Man』에서 세넷은 가면을 쓰는 것이 정중함의 본질이라고 말한다. 그러나 요즘 우리는 가면을 쓰는 행동은 진실하지 않고 도덕적으로 타락한 행동이라 여긴다. 하지만 사실은 1장에서 인용한 슬라보예 지젝의 말대로, 그 반대가 맞다. 적어도 학교와 직장, 공공기관 같은 곳에서는 그렇다. 이런 공적 영역에서 합리적으로 공존하기 위해서는 관습화된 정중한 가면이 필요하다.

이런 관점에서 보자면 점점 세를 넓혀가는 감성 문화와 사회 곳곳의 심리치료화therapization는 문제가 심각하다. 이들은 우리 내면의 감정을 따르라고 우리를 부추기기 때문이다. 내면의 느낌이 이끄는 대로 살아갈 때 생기는 문제는 이미 1장에서 살펴봤다. 어쩌면 우리는 캐나다의 음유

시인 레너드 코헨Leonard Cohen에게 배워야 할지 모른다. 레너드 코헨은 〈그렇다고 그게 쓰레기가 되진 않아That Don't Make It Junk〉에서 이렇게 노래한다. "나는 내가 용서받았다는 걸 알아. 하지만 내가 어떻게 아는지는 몰라. 나는 내 내면의 느낌을 믿지 않아. 내면의 느낌은 왔다가 사라지지."

감정을 디딤돌로
삼으면

코헨이 말한 대로 내면의 감정에는 우리가 표현할 만한 것은 고사하고 믿을 만한 것도 없다. 끊임없이 변화하는 문화에서 우리 감정은 어쩌면 그 어느 때보다 빨리 변한다. 어느 날은 자선활동에 열정적으로 몰두하다가 그다음에는 최신 미국 드라마에 푹 빠져 산다. 적어도 나는 그렇다(물론 내 내면을 지나치게 들여다보진 않는다). 대체로 감정은 우리가 단단히 딛고 설 토대가 되지 못한다. 오히려 환경과 유행에 따라 달라진다. 그러므로 자기 내면의 감정을 깊이 파고드는 것이 진정성으로 가는 길이라는 믿음은 환상이다. 추월차선을 천천히 달린다고 동료 운전자에게 화를 터트리는 일은 결코 바람직하지 않다. 그것이 진짜 느낌이라 해도, '진짜' 화가 났다 해도 마찬가지다.

진짜 감정을 좇으며 진정성을 숭배하는 유행 때문에 사실상 우리는 어린애가 되어버렸다. 그렇다 보니 기분에 따라 웃고 울며 감정을 드러내는 아이들이 우리의 이상이 되었다. 아이들은 우리에게 기쁨을 주는 귀여운 존재이긴 하지만 어른이 된 뒤에도 아이처럼 감정을 드러낸다면 상당히 문제가 많다. 어른으로서 우리는 부정적 감정을 다스리는(심지어 억제하는) 사람들을 존경해야 한다. 그리고 긍정적 감정도 노상 마구 표현하지 않도록 조심해야 한다. "우와, 진짜 대박 멋지다!" 같은 표현을 너무 많이 반복하면 빈말이 된다. 개인적으로 나는 긍정 소통법으로 훈련받은 사람과 칭찬을 숨 가쁘게 쏟아내는 사람의 말은 새겨듣지 않는다. 감정은 진짜 필요할 때를 위해 아껴라. 파테pâté 요리(빵 반죽에 고기 생선 채소 등을 갈아 넣어 오븐에 구운 프랑스 가정식 요리-옮긴이)를 '증오'한다고 말할 경우 독재자에 대한 생각을 표현할 때는 쓸 단어가 없어진다. 마찬가지로 파테를 '사랑'한다고 말해버리면 자녀에게 감정을 표현할 때는 대체 무슨 단어를 써야 할까? 그런 점에서 자기 절제라는 스토아 철학의 이상은 균형 있는 삶을 사는 데 도움이 된다.

이와 반대로 감정을 억제해서는 절대 안 된다고 쏘아붙일 사람이 많을 것이다. 그들의 주장에 따르면 감정, 특히 부정적 감정을 억제하고 마음 깊이 묻어두면, 그렇게 묻어둔 감정이 곪아서 우리를 아프게 한단다. 그래서 건강을 위해 감정을 표현해야 한다고 말한다. 정말 그런가? 이 문제에 대한 연구 결과는 모호하다. 감정을 억누르고 억제하면 낮은 자존감부터 암에 이르기까지 온갖 질병을 유발한다고 오랫동안 여겨지만, 실제 연구 결과는 다양한 결론을 보여주고 있다. 예를 들어 몇몇 연구에 따르면 화를 억누르는 사람들은 병에 걸릴 위험이 더 크고 심지어 암에 걸릴 위험도 크다. 그들이 여성이라면 말이다. 그런데 남자들은 그 반대다. 남자들은 화를 마음대로 터트리는 사람이 암에 걸릴 위험이 더 크다.[7] 긍정적으로 표현하자면 이렇게 말할 수 있겠다. "당신이 남자라면 화를 참는 능력이

암으로 인한 사망 위험을 줄여준다." 그러나 이런 연구 결과를 너무 믿어서는 안 된다. 증거는 종종 다양하게 해석될 수 있다. 그러므로 인생철학을 위한 토대로는 부족하다. 정신과 의사 샐리 새틀Sally Satel과 철학자 크리스티나 호프 소머즈Christina Hoff Sommers는 요즘 삶의 심리치료화를 비판하면서 감정 절제(심지어 완전한 억제)가 건강에 좋고, 좋은 삶을 사는 데 도움이 될 수 있다는 연구 결과를 소개한다. 그들은 고삐 풀린 감정 표출은 정신 건강에 도움이 되지 않으며, 슬픔과 상실을 겪은 뒤라 할지라도 감정을 억제하는 편이 오히려 도움이 될지 모른다고 결론 내린다.[8]

감정을 억누르지 말라고 주장하는 사람들은 감정을 억제하면 자존감을 해칠 수 있다고도 말한다. 자기감정이 잘못되었다고 해석하게 되므로 자존감에 해롭다는 말이다. 그러나 우리의 감정이 항상 옳지만은 않다. 당연히 그릇된 감정도 존재한다. 아장아장 걷는 아이가 탁자에 우유를 쏟았다고 미친 듯이 화를 낸다면 분명 잘못된 감정이다! 골프에서 속임수를 쓰고도 경기를 이겼다고 뿌듯해한다면 그것은 뒤틀린 감정이다. 이런 예는 끝도 없이 들 수 있다.

그러니 우리는 감정을 조절하고 참아야 한다. 특히 질투와 화, 멸시 같은 부정적 감정을 통제하고 억제해야 하지만 다른 감정도 마찬가지다.

그뿐 아니라 자존감에 관련된 이론들이 종종 오해에서 비롯되었다는 것도 기억할 만하다. 우리가 사는 감성 문화에서 우리는 자존감이 높으면 좋다는 소리를 끊임없이 듣는다. 낮은 자존감은 모든 문제의 근원으로 여겨진다. 하지만 사실 큰 사회문제들은 낮은 자존감이 아니라 높은 자존감 때문에 생긴다는 것을 보여주는 증거가 많다. 통계적으로 높은 자존감은 반사회적 인격장애와 도덕성 결여와 연결된다.[9] 최근 등장한 다양한 연구에 따르면 높은 자존감은 교육계와 인력개발 부문에서 일하는 사람들이 생각하는 것처럼 우리가 손에 넣기를 꿈꾸어야 할 성배라고는 할 수 없다.

간단히 말해 부정적 감정을 억누르면 부모와 아이의 자존감을 해치지 않을까 두려워할 필요가 전혀 없다. 화 같은 부정적 감정을 억제하는 법을 배운다면 바람직하지 않은 습관이 생기는 걸 막을 수 있다. 사람들은 일단 화를 터트리는 법을 배우고 나면 갈수록 더 화를 내는 경향이 있다. 어른이라면 감정을 전환하는 기술을 터득해야 한다. 부정적 감정을 줄이고 결국에는 억제하기 위해, 화나 질투 같은 감정이 들 때 자신의 주의를 딴 곳으로 돌리는 법을 익혀야 한다. 심리학 연구에 따르면 부정적 감정을 물리치면 그 감정과 관련된 불쾌한 일도 덜 기억하게 된다고 말한다.[10] 살면서 불쾌했던 일, 예를 들어 누군가에게 지독한 모욕을 당했던 일을 떠올릴 때는 그 경험 자체가 불쾌했기보다는 그 일에 강한 감정으로 반응했기 때문일 수 있다. 스토아 철학에 따르면 화를 억제하면 마음의 평화는 더 많이 얻고, 마음을 휘젓는 나쁜 기억은 줄일 수 있다.

하지만 모순이 아닌가? 부정적인 감정을 억제하라는 말은 두 번째 단계에서 강조했던 '삶의 부정적 면을 보라'는 말과 모순되지 않는가? 그렇기도 하고 아니기도 하다. 둘은 각기 다른 상황에 적용되는, 서로 다른 충고이다. 부정적인 일에 대해 불평하는 것이 좋을 때가 있고, 부정적인 일에 대한 화를 억제하는 게 좋을 때가 있다. 물론 둘 중 어느 하나도 항상 틀림없이 옳다고는 할 수 없다. 일반적인 자기계발서는 (긍정적 사고와 같이) 한 가지 구체적인 해답을 추천하지만 이 책이 전하려는 메시지는 현실은 복잡하며 한 가지 단순한 해답은 없다는 것이다. 그리고 의심이 얼마나 중요한지도 잊지 마시길! 또한 화를 내는 것과 부정적인 면에 주목하는 것은 다른 문제라는 것도! 스토아 철학자들의 목표는 화를 내지 '않고' 부정적인 면을 바라보는 능력을 갖추는 것이다. 부정적인 일을 삶의 일면으로 받아들이거나, 현실에서 우리가 할 수 있는 일이 있다면 긍정적으로 변화시켜라.

참아내는
기술

그렇다면 감정을 잘 억누르는 법을 어떻게 배울까? 화를
예로 들어보자. 화는 스토아 철학자, 특히 세네카가 신중
하게 연구한 주제이다.[11] 그는 기본적으로 화는 인간의 핵
심적인 감정이라고 생각한다. 어른만 화를 낼 수 있다. 아
이들과 어린 동물들은 공격성을 보이거나 짜증을 낼 수는
있다. 하지만 우리는 '화내는 아기'나 '화내는 고양이' 같
은 표현은 거의 쓰지 않는다. 그 이유는 화를 내려면 반성
적 자기 인식이 필요한데, 반성적 자기 인식은 어른이 되
고 수치심을 배운 뒤에야 발달하기 때문이다. 세네카는 화
를 복수 충동이라 정의한다. 물론 복수 충동은 인간에게
자연스러운 감정이지만 세네카는 화를 내며 시간을 낭비
하기에는 인생이 너무 짧다고 강조한다. 화는 우리 자의식
의 찌꺼기라고 생각하면 좋다. 화는 우리가 견뎌야 하지만

할 수 있는 한 빨리 내다버려야 할 감정이다.

유머는 화를 다스리고 진정시키는 중요한 방법이다. 세네카에 따르면 화를 낼 만한 일에는 웃음이 도움이 된다. 예를 들어 누군가 우리를 모욕한다면 공격적 언사보다는 유머로 대처하는 게 훨씬 낫다. 최근에 영국 가수 제임스 블런트James Blunt는 소셜미디어에 모욕적인 댓글을 단 '안티팬들'에게 재미있는 답변을 달았다. 트위터에서 그나마 조금 점잖은 글을 인용하자면 "제임스 블런트는 없어 보이는 얼굴에, 엄청 싹수없는 목소리를 가졌다"는 글에 블런트는 "게다가 융자도 없다"라고 답했다. 그의 행동은 화제가 되었고, 안티팬들을 대단히 속 좁은 사람들로 여겨지게 만들었다. 구글에서 블런트의 다른 답변도 검색해보라. 분노가 끓어오르게 할 만한 모욕에 어떻게 반응하면 될지 영감을 얻을 것이다. 세네카는 우리가 화를 냈다면(항상 피할 수는 없으므로) 화를 낸 것에 사과해야 한다고 강조한다. 그렇게 해야 사회적 관계를 회복하고 어쩌면 자아도 더 튼튼해진다. 사과를 하다 보면 종종 애초에 화를 냈던 일이 무엇이든 대수롭지 않게 보이는 법이다.

에픽테토스는 화를 억누르는 기술로 '투사적 시각화'를 추천한다. 그는 노예가 컵을 깨뜨려서 당신이 화가 치미는 경우를 생각해보라고 한다(물론 고대 로마에서나 일어남 직한 일이다. 노예제를 떠올리기만 해도 화가 치민다면 다른 상황을 적용해도 좋다). 에픽테토스는 이런 상황에서 친구 집 노예가 그 집 컵을 깨서 친구가 화를 낸다고 상상해보라고 한다. 그런 상황에서 당신은 아마 친구가 화를 내는 게 터무니없이 비합리적이라 생각하며 그를 진정시키려 할 것이다.[12] 이런 생각을 하다 보면 노예가 컵을 깬 것이 얼마나 하찮은 일인지 깨닫게 되고 화를 터트리지 않게 된다는 것이다.

마르쿠스 아우렐리우스도 화를 막는 방법으로 '상황의 하찮음'을 생각하라고 충고한다. 일반적으로 그는 무언가를 잃었을 때 분노와 좌절감이 치밀어 오르는 것을 막기 위해서 모든 것이 영원하지 않다는 사실을 떠올리라고 충고한다. 컵이 깨졌다면 안타깝기는 하다. 특히 귀한 컵이라면 더 아쉽겠지만 영원이라는 관점에서 보면 모든 것이 결국 사라지기 마련이므로 컵이 깨진 일은 무척 작고 사소한 일일 뿐이다.

화를 내며 살기에는 인생이 너무 짧다. 마음의 평화를 흐트러뜨리고, 단단히 서 있지 못하게 뒤흔드는 감정을 다스리는 법을 배워야 한다. 단단히 서 있고 싶다면 쉽게 넘어져서는 안 된다. 텔레비전과 광고, 소셜미디어에서 우리의 감정에 호소하는 것들이 끊임없이 쏟아진다. 이런 호소 때문에 우리의 욕망이 쉴 새 없이 달라진다. 덧없는 욕망을 줄곧 좇는다면 단단히 서 있을 수 없다. 그러므로 감정을 억제하는 법을 배워야 한다. 어쩌면 진정성을 잃을지도 모른다. 그래도 괜찮다. 자신의 감정을 다스려야 어느 정도 존엄한 사람이 될 수 있다. 가면을 쓰는 연습을 하라. 다른 사람의 사소한 행동에 휘둘리지 않도록 연습하라. 연습했다면 이제 다음 단계로 넘어갈 준비가 되었다. 바로 당신의 코치와 헤어지는 일이다.

Stand Firm

5장

홀로

서다

코칭과 심리치료는 고속화 문화의 곳곳에 퍼진 자기계발 도구다. 코치는 당신 안에서 대답을 찾고 당신의 모든 잠재력을 실현하도록 돕는 사람이다. **빗나가도 한참 빗나간** 노력이다. 그러니 당신의 코치를 해고하고 대신 친구로 지내는 방법을 생각해보라. 어쩌면 코치에게 박물관 입장권을 선사하며 **우리 안이 아니라 밖으로 눈을 돌릴 때** 삶에서 어떤 교훈을 배우게 될지 물을 수도 있을 것이다. 문화와 자연을 즐기는 법을 배워라. 당신의 전前 코치와 함께라면 더 좋다. 적어도 한 달에 한 번은 소풍을 가거나 박물관을 방문하라.

코치와
헤어지기

어쩌면 지금쯤 당신이 더 이상 열심히 내면을 들여다보지도 않을뿐더러 부정적인 면에 집중해서 자꾸 "아니요"라고 대답하고, 감정을 억누르는 바람에 코치나 치료사가 좌절감에 빠진 나머지 이미 일을 그만두었을지도 모른다. 아직도 당신의 코치가 자진해서 떠나지 않았다면 지금이 서로 다른 길을 찾아나서야 할 때다.

　코칭은 '당신 안에서 답을 찾으리라'고 약속하지만 이제 우리는 그것이 환상이라는 것을 안다. 어쩌면 코칭이야말로 단단히 서 있기 힘든 고속화 문화의 모든 문제를 드러내는 증상일지 모른다. 코칭은 방향과 내용에 관계없이 끊임없는 능력 개발과 변화를 전제로 한다. 개발과 변화가 코칭의 존재 이유이다. 돈을 받고 하든 회사에서 관리자가 직원들에게 하든 학교에서 교사가 학생들에게 하든 마찬가지다.

내가 코치와 헤어지라고 말할 때 코치는 반드시 진짜 코치를 뜻하지는 않는다. 사실 대다수 사람들은 흔히 시간당 15만 원 이상 들여야 하는 코칭을 받을 경제적 여유가 없다. 내가 코치라고 말할 때는 '삶의 코칭화coachification of life'라 부르는, 혹은 '삶의 심리치료화'라고도 부를 수 있는 모든 것을 일컫는다. 우리를 온갖 자기계발 전략으로 에워싸고, 자기계발에 의존하는 요즘 문화를 뚜렷하게 대변하는 존재가 코치이다. 따라서 내가 말하는 코치는 가속화 문화의 광범위한 경향을 대표하는 형상으로 보아야 한다.

개발과 긍정성, 성공을 설교하는 코치는 마음의 평화를 찬양하는 스토아 철학의 대척점에 있다. 스토아 철학에서 마음의 평화는 단단히, 굳건히 서 있을 때 얻을 수 있는 것이다. 앞에서 나는 '설교'라는 단어를 의도적으로 썼다. 코치는 우리 시대의 사제라 할 수 있으며 그들은 능력개발과 자아실현을 종교처럼 숭배하는 존재들이다.

코칭
만능주의

코칭은 여러 해 동안 성장에 성장을 거듭했다. 스포츠에서 교육, 비즈니스 그리고 삶 전반에 '라이프 코칭'이라는 이름으로 퍼졌다. 가속화 문화에서 코칭은 자아종교와 비슷하다.[1] 달리 말해 코칭은 자아와 자기계발을 중심으로 돌아가는, 더 포괄적인 세계관의 일부로 봐야 한다. 자기계발 욕구는 지칠 줄 모르고 성장하는 듯하다. 리더십 코칭, 직원 코칭, 십대 코칭, 가족 코칭, 섹스 코칭, 스터디 코칭, 영성 코칭, 베이비 코칭, 인생 코칭, 모유 수유 코칭 등등 끝이 없다.

모두 코칭 열차에 올라타길 원한다. 이제 코칭은 상담과 심리치료, 목회 같은 활동에도 침투했다. 몇 년 전에는 내 친구와 지인 가운데 무척 많은 사람이 코치가 되는 교육을 받고 있었다. 이제는 코치가 너무 많아서 교육과정을 마친 사람들 가운데 소수만 코치로 생계를 이을 수 있다. 어쨌거나 이 열광적인 코칭 물결을 부추기는 생각이 사회의 많은 영역으로 퍼졌다.

요즘 코칭은 특히 누군가 자기계발이 필요할 때 맺는 대인 관계의 표준이 되었다. 코치는 우리를 앞으로 이끈다. 이른바 우리 각자의 방식과 선택대로 이끈다고 한다. 코치는 개인의 삶에서 무엇이 좋고, 무엇이 나쁜지를 지시하는 외적 권위가 아니다. 우리 시대의 정수라 할 만한 소비자 정신에 따르면 소비자는 항상 옳다. 그러니 내게 무엇이 좋고 나쁜지는 나만 안다. 코치의 일은 내가 나 자신을 찾고, 무엇을 좋아하는지 찾도록 나를 돕는 일이지, 내게 지시하는 게 아니다. 그들은 내 소망을 비추고, 내가 목표를 실현하도록 도와야 한다. 질문은 코치가 던지지만 대답은 내 안에서 나온다.

코칭은 자아를 위주로 돌아가는 문화에서 중요한 심리적 도구가 되었다. 조금 도발적으로 표현하자면 코칭은 자아종교라 부를 만한 더 광범위한 세계관의 일부다.[2] 자아종교는 기독교의 많은 기능을 이어받았다. 사제가 했던 일을 이제 심리치료사나 코치가 한다. 다양한 종교 교파는 이런저런 테라피와 코칭뿐 아니라 여러 개인 성장 프로그램에 자리를 내주었다.

은총과 구원은 자아실현과 역량 강화, 평생학습으로 대체되었다. 마지막으로, 어쩌면 가장 중요하게, 우주의 중심 하느님이 있던 자리에 이제 자아가 들어앉았다. 역사상 이처럼 자아와 자아의 특징(자존감, 자신감, 자기계발 등)에 대해 많이 이야기한 적이 없었다. 요즘처럼 자아(사실 자아가 무엇인지 도통 모르겠지만)를 측량하고 평가하고 개발할 방법이 이토록 많은 적도 없었다.

기독교와 달리 자아종교에는 인생과 자기계발의 틀을 규정할 외적인 권위(하느님)가 없다. 대신에 우리에게는 우리 삶을 이끄는 빛이라고 여겨지는 내적 권위(자아)가 있다. 앞서 말한 대로 그렇기 때문에 '자신을 탐색하기', '자신으로 일하기' 그리고 '자신이 원하는 방향으로 발전하기'가 그토록 중요하게 여겨진다. 그렇다 보니 양육, 교육, 경영, 사회사업을 비롯한 여러 사회적 활동이 근래 들어 심리치료와 비슷해졌다.

요즘 교사는 다양하고 종합적인 지식을 전달하는 밉살스러운 권위주의자가 아니라 치료사나 코치처럼 학생들의 '전인적 개인 성장'을 돕는 사람이다. 교사들이 회초리를 버린 지는 오래되었지만 요즘 교사들은 '심리적 회초리'를 쓴다. 이를테면 사회성교육 게임이나 집단 치료법 게임을 써서 자기계발을 통한 사회화를 촉진한다. 이런 게임은 고도로 개별화된 방식으로 학생들이 자신의 긍정적 자질을 이해하게 함으로써 아이들의 능력을 개발할 수 있다는 생각에 바탕을 둔다. 이런 게임을 지도하는 교사는 교육 문제에 중점을 둔 코칭 강좌를 수강했을 수도 있다.

　마찬가지로 요즘 관리자들은 권위적으로 멀찍이 떨어져서 직원의 고용과 해고, 관리에만 신경 쓰는 사람이 아니라 업무능력개발평가나 코칭 시간에 직원의 말에 귀 기울이고, 내면 성찰을 이끄는 치료사가 되어 직원들의 개인 역량을 개발하려고 애쓴다. 우리는 자아를 데리고 출근한다. 그렇게 해서 시장가치를 지닌 자아를 개발해야 한다. 무엇보다 자아를 역량 강화 프로젝트를 위한 재료로 여겨야 한다.[3] 이런 상황에서 코칭은 역량을 발견하고 평가하고 최적화시키는 핵심 수단이다.

어처구니없는
성공

조지 부시와 빌 클린턴, 미하일 고르바초프를 코칭했던 세계적인 자기계발 구루guru 앤서니 로빈스Anthony Robbins는 이렇게 말한다.

행복해지기 위해 무엇보다 꼭 필요한 것이 하나 있다. 그건 바로 발전이다. 내 코칭의 핵심은 '쉼 없고 끝없는 향상'이다. 나 스스로 그렇게 산다. 당신의 관계가 행복하려면 관계의 발전이 필요하다. 당신의 몸과 함께 행복해지려면 몸을 단련해야 한다. 당신의 일이나 비즈니스가 성공하려면 그 일이나 비즈니스가 발전해야 한다.[4]

'쉼 없고 끝없는 향상'이 성공적인 운동선수에게는 유용한 구호일지 몰라도 평범한 사람의 행복을 위한 공식으로 적절한지는 다소 의심스럽다. 코칭의 위험은 우리가 가만히 있도록 결코 놔두지 않고 다음과 같이 요구한다는 데 있다. "누구에게나 항상 발전의 여지는 있는 법이고, 당신이 발전하지 않는다면 그건 당신 잘못이다. 노력을 충분히 하지 않았기 때문이다."

코칭의 메시지는 충분히 믿고 원하기만 하면 무엇이든 해낸다는 것이다. 일이 제대로 풀리지 않는 건 충분한 의지와 동기를 동원하지 않았기 때문이라고 말이다. 따라서 무언가 문제가 생기면 당연히 자신을 비난한다. 외부의 사회적 비난을 내면화시켜서 그것을 내적인 자기비판으로 변형하는 셈이다.[5]

또 다른 문제는 우리가 제자리걸음을 하거나 축 처지거나 탈진했을 때 코칭이 만병통치약처럼 추천된다는 것이다. 물론 피로와 공허감은 끊임없는 자기계발과 향상 요구 때문에 생겼을지 모른다. 만약 그렇다면 더 많은 코칭으로 문제를 해결하겠다고 달려들다가 문제를 더 키울 위험이 있다. 병을 치료하기 위해, 애초에 우리를 병들게 한 약을 더 많이 먹는 셈이다!

어쩌면 우리는 자아를 너무 오래 탐색하다가 내면에 아무것도 없다는 사실을 깨달았기 때문에 지쳐 있는지도 모른다. 그렇다면 코치는 더 이상 할 일이 없고 관계는 공허해진다. 코치는 기본적으로 우리 내면의 목표와 가치, 소망을 반사하고 그것을 깨닫도록 돕기 위해 우리 앞에 거울을 들고 선 사람이다. 자아종교의 핵심은 내면에서 대답을 찾아야 한다는 것이다. 내면에서 나온 답이 발전의 방향(나는 어디로 가고 싶은가?)을 결정하고 성공을 측정할 잣대(언제쯤이면 충분히 향상된 것일까?)로 쓰인다. 그러나 그 주관적인 잣대는 외적 기준에 구속되지 않으므로 우리는 끝없이 확장되는, 지금보다 더 높은 어디쯤을 향해 자기를 계발하려고 애쓸 위험이 있다. 언제 멈춰야 할까? 답은 '쉼 없고 끝없는 향상'이라는 구절에 있다. 끝이 없는 계발 속에서 우리는 '결코' 충분히 향상될 수 '없다.'

앤서니 로빈스가 사람들의 영감을 자극하기 위해 사용한 유명한 구절 가운데 하나는 이것이다. "성공은 원하는 것을, 원할 때, 원하는 곳에서, 원하는 사람과, 원하는 만큼 하는 것이다." 이 말의 명백한 뜻은 당신이 무엇을 좋아하든 상관없이 자아실현이 인간 존재의 의미를 규정한다는 말이다.

이런 사고방식은 극단까지 밀고 가면 사이코패시(또는

반사회적 인격장애)와 비슷해진다. 무엇을 이루길 원하든, 그것을 이루는 데 무엇이 필요하든지 간에 오직 목적을 이루라고 당신을 부추기기 때문이다. 이 사고방식 안에서는 다른 사람들은 기껏해야 당신에게 쓸모 있는 도구가 될 뿐이다. 당신의 행복과 성공을 최대치로 늘리기 위해 이용될 뿐이다. 이들이 정의하는 성공은 '원하는 것을 원하는 사람과 함께' 하는 것이다. 이런 성공의 개념에 따라 아이들을 키운다면 우리는 아이들에게 무엇을 원하든 괜찮다고 말할 것이며 교육의 목표는 욕망을 실현하는 법을 가르치는 것이어야 하는 것이다.

요즘 가속화 문화에 널리 퍼지고, 자아종교를 통해 코칭이 부추기는 주관주의가 어떤 것인지 이제 분명히 알 수 있을 것이다. 사실 아이를 키우다 보면 사회가 정한 테두리 안에서 사는 법을 가르쳐야 할 때가 있다. 전통적인 육아는 자아의 바깥에도 알아야 할 것이 있다는 생각에 바탕을 둔다.

부모와 교사의 할 일은 인격과 고결함을 아이들에게 불어넣는 것이다. 그들이 사회적 경계를 인식하고, 그 안에 머물 수 있도록 가르쳐야 한다. 그러나 야망과 가치, 이상 같은 것이 자기 안에서 나온다고 믿는다면 아이를 키우는 사람은 그저 공명판으로 전락하고 만다. 달리 말해 가치와 경계를 규정하는 일이 아니라 아이의 내면을 반사하는 코치가 된다.

코칭 원칙에 기반한 육아 철학은 가치를 심어주거나 경계를 가르치지 않는다. 물론 문제는 이런 육아 철학이 독립적인 삶을 제대로 살아갈 어른을 키울 수 있느냐이다. 이렇게 키워진 아이들은 아마 삶에서 무엇이 중요한지를 깨닫고, 사람으로서 해야 할 일을 제대로 하기보다는 내적 충동에 매달리는 어른이 될 것이다.

자기 내면을 들여다보고, 좋아하는 것을 먼저 하고, 원하는 것을 얻을 방법을 찾아내는 데는 전문가가 될지 모르지만, 결국 그냥 똑똑한 어린아이에 불과한 어른이 될 것이다. 수단을 최대한으로 이용하는 데는 전문가일지 모르나 개인적, 주관적 관점과 선택을 넘어선 삶의 의무라는 게 있다는 사실은 전혀 모를 것이다.

달리 말해 그들은 하고 싶기 때문이 아니라 중요하기 때문에 해야 하는 일이 있다는 것을 깨닫지 못한다. 삶에는 개인들이 어떻게 느끼든 간에 그 자체로 중요한 일이 있는 법이다. 그러나 코칭과 자아종교는 이런 생각에 코웃음을 친다.

우정은 결제할 수 없다

요즘에는 코치나 치료사에게 갖는 믿음이 사실상 전통적인 우정의 자리를 차지했다. 사람은 (가끔은 평생 한 사람과) 짝을 짓고 살 뿐 아니라 친구들도 사귀는 동물이다.

플라톤과 아리스토텔레스 이래 철학자들은 우정이 인간의 삶에 꼭 필요하다는 사실을 인식했다. 아리스토텔레스에 따르면 친구는 함께 시간을 보내며 서로에게서 기쁨을 얻는 사람이다.

그러나 우리는 친구의 행복으로부터 이득을 얻기 때문만이 아니라 친구 자신을 위해서 친구의 행복을 빈다. 그러므로 우정은 그 자체로 본질적 가치를 지닌 관계다. 우리가 자신이 아니라 친구를 도울 때, 그가 바로 우리의 친구다. 만약 자신에게 도움이 된다는 이유만으로 다른 사람을 돕는다면 엄밀히 말해 그는 친구가 아니라 암묵적 계약(내가 네 등을 긁어줄 테니 너도 내 등을 긁어줘)에 바탕을 둔 동반자다.

'주고받기'는 고용인과 피고용인을 비롯한 많은 인간관계에 적용되지만 부모와 아이 사이에는 적용되지 않는다. 부모는 자식에게 '얻을 게 있다'고 생각하든 말든 아이가 부모를 필요로 할 때 부모로서 옆에 있어야 한다. 아리스토텔레스에 따르면 친구 사이에도 '주고받기'는 적용되지 않는다. '주고받는' 사이가 아닌 친구라는 관계를 이해하는 동물은 아마 사람밖에 없다 해도 지나치지 않을 것이다.

문제는 개인이 좋아하는 것만 강조하며 자기계발을 위한 도구를 제공하는 코칭을 우정의 현대적 형태로 볼 수 있냐는 것이다. 대답은 분명 '아니다'이다. 코치와 고객의 관계는 도구적 관계의 전형이다. 코치와 고객 양쪽이 그 관계로부터 이익을 얻는 동안만 관계가 유지되며, 종종 금전적 이해관계를 토대로 한다(어쨌거나 코칭은 비즈니스가 아닌가).

과거에 우리는 무척 가까운 친구하고만 우리의 꿈과 비밀을 나누곤 했다. 그런데 요즘에는 그런 이야기들이 자아의 '완전한 잠재력' 실현을 목표로 하는 코칭 시간의 핵심이 되었다. 이는 고속화 문화에 널리 퍼진 경향 중 하나다. 고속화 문화에서 우리는 갈수록 우정다운 우정을 만들기가 어렵다. '친구'라는 단어는 벌써 예스럽게 들린다(적어도 '친구'라는 표현의 격을 떨어뜨리는 페이스북 밖에서는 그렇다).

그리고 요즘 사람들은 '내 친구들'이라는 표현 대신 '인맥'이라 부르는 경향이 있다. 그러나 인맥은 도구적인 개념이다. 필요할 때 동원하기 위해 유지하고 관리하고 발전시켜야 하는 대상이다. 직장을 옮기고 싶다면 인맥 안에서 알아본다. 사회학자들은 '사회자본'이라는 형태로 인맥의 범위와 힘을 양적, 질적으로 측정한다. 이때 자본은 사실상 은유적 표현이라고 할 수 없다.

이는 개인 관계의 상품화와 진짜 우정의 퇴화를 뜻한다.

아리스토텔레스와 스토아 철학에서처럼 전통적 의미에서 친구는 한 사람의 삶에서 그 자체로 가치 있는 것으로 정의되었다. 친구는 당신의 삶을 최대한 활용하기 위해 필요할 때 사용할 수 있는 자원이 아니다. 달리 말해 진짜 친구는 돈으로 살 수 없다.

홀로서기의
기술

삶의 코칭화, 그리고 삶의 코칭화로 대표되는 인간관계의 도구화를 나처럼 불편하게 느낀다면 우리가 쓰는 언어에 주의를 기울이자. 인맥을 운운하는 대신에 "내 친구들이……"라고 말하는 것이 좋다. 물론 이때 친구는 페이스북 친구와 동일한 개념이 아니다. '페이스북 친구'는 그냥 연줄이 닿는 사람일 뿐이다.

인맥은 일종의 연줄에 바탕을 둔 관계로 구성된다. 당신의 진짜 친구는 당신이 그 친구를 위해 행복을 바라는 사람, 당신에게 아무 이득이 없어도 당신이 기꺼이 도울 사람이다. 누군가가 당신을 진정한 친구로 여겨준다면 고마운 일이다.

결혼과 마찬가지로 우정은 서로를 구속하는 계약이 아니다. 그러니 우정과 친구들이라는 개념을 당신 삶에 다시 들여오고 당신의 코치와는 관계를 정리하라. 어쩌면 당신의 코치와 친구가 될지 누가 알겠는가? 코치들은 사람을 좋아하고, 남을 돕길 좋아해서 코치라는 직종을 선택한 무척 좋은 사람들일 때가 많다. 그러니 새로 친구가 된 당신의 옛 코치와 함께 그 자체로 가치 있는 일도 있다는 사실을 깨닫게 될지 모른다. 개인의 욕망을 위해 최대로 활용할 수 있는지(개인의 욕망을 최대한 이룰 수 있는지)와 관계없이 그 자체로 가치 있는 일이 있음을 알게 될 것이다.

이쯤에서 이 새로운 우정이 무럭무럭 자랄 토양이 되어줄 두 가지 활동을 제안하겠다. 즉, 문화 활동과 자연 활동이다. 문화 활동의 대표는 박물관이고 자연 활동의 대표는 숲이다.

박물관에는 과거(가까운 과거나 먼 과거)의 유물이 모여 있다. 이를테면 특정 시대나 인간 경험의 한 측면에 대해 무언가를 말해줄 만한 예술품이나 공예품들이 있다. 분명 우리는 박물관에서 많은 것을 배울 수 있다. 하지만 가장 큰 기쁨은 그 지식과 정보를 적용할 방법에 연연하지 않고 그 경험을 즐기는 데 있다.

달리 말해 다른 기능을 위해 '이용'될 수 없는 것들을 감상하는 법을 배우는 것이 핵심이다. 박물관은 어떤 점에서 보자면 낡은(또는 새로운) 쓰레기에 불과한 것들을 전시하고 찬양한다. 순수하게 실용적인 관점에서 보자면 물론 비합리적이다. 그러나 박물관에 가면 우리가 서로 얽히고설킨 무수히 많은 문화적 전통의 어깨 위에 서 있으며 우리의 집단적 경험이 그들로부터 나왔다는 점을 기억하게 된다. 그러니 타인들의 어깨 위에 서 있을 때 비로소 단단히 서 있는 일이 더 쉬워지지 않겠는가?

마찬가지로 숲을 걷다 보면 우리가 자연의 일부임을 느끼게 된다. 또한 자연을 단지 인간의 요구와 욕망을 충족시키기 위해 존재하는 자원으로 여겨서는 안 된다고 생각하게 된다. 풀과 나무, 새 들은 사람들이 지상에 존재하기 오래 전부터 있었고 아마 우리보다 더 오래 살아남을 것이다. 그들은 우리를 위해 그곳에 있는 게 아니다.

스토아 철학의 관점에서 자연은 인간의 경험 세계를 넘

어서는 우주이다. 자연을 신격화할 필요는 없지만 자연 앞에서 겸손해질 때 비로소 (자아를 신격화하는) 자아종교에 건강한 회의를 품게 될 것이다. 자연의 본질적 가치를 제대로 이해하려면 자연 속으로 들어가는 것이 가장 좋다. 향유고래가 멸종한다면 세상이 더 안 좋아질지 스스로에게 질문을 던져보라. 모든 의미와 가치를 인간의 주관적인 관점으로 축소시켜버리는 '쓸모'라는 면에서 보자면 대답은 아마 '아니요'일 것이다.

모든 것에 '쓸모'라는 잣대를 들이대면 어떻게 될까? 예를 들어 인간 사회와 멀리 떨어져 있는 향유고래의 멸종 문제에 대해서 생각해보자.

향유고래가 멸종하든 안 하든 중요치 않을 것이다. 향유고래는 우리에게 아무 쓸모가 없으니까. 하지만 이런 대답에 대부분은 불편함을 느낀다. 그리고 향유고래가 사라진다면 세상은 아마 더 안 좋아지리라고 주장할 것이다. 향유고래를 직접 보거나 만날 일이 없다고 해도 그렇다.

박물관과 박물관 소장품도 마찬가지다. 낡은 고물로 가득한 박물관이 타버린다고 누가 신경이나 쓰겠는가? 놀랍

게도 나를 비롯해 많은 사람이 신경을 쓴다!

자기 내면을 의미와 가치의 원천으로 보는 자아종교로는 우리가 이런 일을 걱정하는 이유를 설명하기가 불가능까지는 아니라 해도 상당히 힘들다. 그러나 많은 사람이 향유고래와 박물관을 분명 걱정하고 있다는 사실에 비추어 보면, 자아종교를 떠받치는 생각과 무수히 많은 코치들이 내세우는 지혜라는 것이 얼마나 왜곡된 것인지 알 수 있다.

그럼 이제 어떻게 하면 될까? 그다지 어렵지는 않다. 일단 코치와 결별하고 자아 밖의 삶과 연결되기로 마음먹었다면, 할 만한 최고의 일은 다른 사람에게 도움이 될 만한 일을 찾아서 하는 것이다. 또는 알리지 않고 누군가를 위해 좋은 일을 해보면 더 좋다. 이 일은 앞의 것에 비하면 그다지 쉽지 않을 것이다. '준 만큼 돌려받기'라는 사고방식과 완전히 어긋나기 때문이다.

그러나 계속해서 이름 없는 선행을 하다 보면 선행의 본질적 가치를 이해하게 된다. 무엇이 가치 있는지 아닌지 결정하는 기준이 자신의 내적 경험이 아님을 깨닫게 될 것이다.[6] 세상에는 그 자체로 좋고 중요하고 의미 있는 것들이 있다. 그 대가로 아무것도 받지 못한다 해도 말이다.

Stand Firm

6장

읽다

전기는 늘 베스트셀러 목록의 상단을 차지하지만 **유명인의 하찮은 삶**을 찬양하며 우리가 뜻대로 삶을 통제할 수 있다는 생각을 심어줄 때가 흔하다. 자기계발서도 마찬가지다. 이런 책들이 약속한 수많은 행복과 부, 건강을 이루지 못했을 때 결국 우리는 낙담하고 만다. 반면에 소설을 읽으면 **삶이 복잡하고 통제하기 힘들다**는 것을 이해하게 된다. 적어도 한 달에 한 번은 소설을 읽어라.

소설을 읽는
시간

앞에서 제안한 대로 코치와 헤어졌다면 당신은 아마 자기계발 금단 증상을 겪게 될 것이다. 끊임없이 자기 자신과 내면, 자기계발에 매달리던 사람이 바깥세상으로 눈을 돌리기란 쉽지 않다. 니코틴 패치를 붙인 금연자처럼 당신은 더 건강하고 더 행복한 삶을 약속하며 자아실현의 길로 이끄는 자기계발서를 탐독하게 될지 모른다. 어쩌면 다른 많은 사람들처럼 전기를 집어 들지도 모른다. 요즘 사람들이 전기와 자서전에 집착하는 증상이 개인화 문화를 반영한다는 말은 '너무나 뻔한' 이야기라는 점에서 다소 진부하다. 내가 보기에는 정신없는 가속화 문화를 살아가는 사람들이 전기의 단선적 이야기 구조에서 안정감을 얻는 효과도 있는 듯하다. 자기계발서와 자서전은 자아를 삶의 가장 중요한 면으로 찬양한다. 그러나 그들이 찬양하는 자아는 고결함이나 도덕적 가치로 보자면 어느 모로 보나 균형 잡힌 자아가 아니다. 대신에 끊임없이 발전하고 변화해야 하는 자아이다. 나는 지금 내가 쓰고 있는 이 책 말고는 자기 삶에 단단하게 뿌리내리고 개발에 저항하도록 독자를 도우려는 자기계발서를 본 적이 없다. 아마 '자기계발은 나를 어떻게 그대로 있을 수 있도록 도왔나?'와 같은 제목의 자서전은 앞으로도 보지 못할 것이다.

6장의 목표는 자기를 찾고 계발하기만 한다면 삶을 마음대로 통제할 수 있다는 생각을 부추기는 자기계발서와 유명인의 자서전에 대한 의존성을 깨는 것이다. 20세기 철학자 찰스 테일러Charles Taylor는 '진정성의 윤리'라 부르는, 곧 삶의 목적은 진정한 자아실현이라는 믿음이 어떻게 새로운 형태의 의존을 낳을 수 있는지 분석했다. 자기가 누구인지 확신할 수 없는 사람들은 온갖 종류의 자기계발 안내서에 매달리게 된다.[1] 그런데 무엇 때문에 우리는 자기가 누구인지 확신하지 못하고 자기계발 안내서에 의존하게 될까? 테일러에 따르면 역사, 자연, 사회를 비롯해 외부에서 비롯된 모든 것을 차단한 채 자아를 숭배하기 때문이다. 앞선 장에서 나는 이런 현상을 자아종교라 불렀다. 자기가 누구인지 이해하려 할 때 외부의 중요성을 배제한다면 토대가 될 만한 것은 결국 자기 자신밖에 남지 않는다. 이런 방식으로 자아를 이해한다면 기껏해야 얄팍한 이해일 뿐이며 최악의 경우, 의무란 무엇이며 삶에서 무엇이 중요한지 깨닫지 못하게 된다.

자기계발서들은 이런 문제에 한몫하므로 무시하는 게 좋다. 그러나 독서는 일반적으로 좋은 일이므로 다른 종류의 책을 즐겨 읽기를 추천한다. 바로 소설이다. 자기계발서와 대부분의 자서전과 달리² 소설은 삶을 더 정직하게 그린다. 삶의 복잡하고 종잡을 수 없고 혼란스럽고 다면적인 모습을 그대로 그린다. 소설을 읽다 보면 삶을 뜻대로 살기가 얼마나 힘든지, 어떻게 우리 삶이 사회, 문화, 역사와 얽혀 있는지 깨닫게 된다. 이런 점을 깨닫고 나면 겸허해진다. 그리고 겸허함은 끊임없는 자기탐색과 자기계발이 아니라 의무를 다하는 일로 우리를 이끈다.

유행하는
착각들

최근에 노르웨이의 심리학자이자 사회학자 올레 야코브 마센Ole Jacob Madsen은 문화적 관점에서 자기계발서 장르를 비판했다.[3] 그는 인지적 접근법(NLP를 비롯해), 마음챙김, 자기경영, 자존감, 자기통제 같은 다양한 자기계발 기법을 분석하고, 어떻게 명상이나 자존감 강화 같은 방법으로 환경과 금융 위기처럼 심각한 문제를 해결할 수 있다고 착각하게 만드는지 보여준다. 마센은 많은 자기계발서가 이념적으로 지나치게 편협한 관점을 토대로 쓰였다고 본다. 대체로 자기계발서는 운명에 대한 책임을 개인에게 지우고 사회적 문제를 개인적으로 풀 수 있다고 말한다. 사실 개인과 선택의 자유, 자기계발을 찬양하는 자기계발서가 한편으로는 갈수록 자기계발 프로그램과 심리치료에 중독된 사람들을 만들어낸다는 것은 모순적이다. 자기계발서들은 자아실현을 통해 자족하는 어른이 되는 길을 약속하지만 사실은 진실이 자기 안에 있다고 착각하는 어린애 같고, 의존적인 어른을 만들어낸다.

마셴은 서론에서 캐나다 작가 윌 퍼거슨Will Ferguson이 자기계발 산업을 풍자한 소설을 인용하며 깊이 있는 분석을 시작한다. 퍼거슨의 소설 제목은 간단하게 『행복 Happiness』이다. 주인공은 출판사 편집자인데 우연히 이름 모를 작가가 쓴 자기계발서 원고를 발견한다. 원고가 책으로 출판되자 자기계발 장르의 다른 경쟁도서들과 달리 100퍼센트 효과가 있다는 사실이 드러났다. 그 책은 사람들을 치유해주고, 부유하고 성공적이며 행복하게 만들어주었고 곧 베스트셀러가 되었다. 그런데 유행병처럼 번진 행복은 예상치 못하고 계산치 못했던 결과를 낳았다. 마피아를 비롯해 인간의 불행을 먹고 사는 모든 산업이 출판사에 항의했다. 폭력을 행사하기도 했다. 편집자는 자신과 작가의 생명을 구하기 위해 작가를 찾아 나설 수밖에 없었다. 알고 보니 작가는 인생에 대한 환상이라고는 조금도 없는 냉소적인 암 환자였고 손자들의 경제적 안정을 위해 그 책을 썼을 뿐이었다. 하지만 유행병처럼 번진 파괴적 행복을 막기 위해 저자는 안티-자기계발서를 쓰기로 동의한다. 아마 내가 쓴 이 책과 크게 다르지 않은 책이었을 것이다.

　이 배꼽 빠지는 풍자소설은 한 가지 분명한 사실을 알려준다. 바로 자기계발서는 효과가 없다는 것이다! 자아실현과 자기계발을 도와서 '최고 버전의 나'로 만들어주겠다고 약속하는 수천 권의 자기계발서가 출판되는 이유는 바로 그 책들이 딱히 효과가 없기 때문이다. 또는 앞서 언급했던 의존증(중독)에 다시 빗대자면 약물에 중독되면 약효가 갈수록 빨리 떨어지기 때문에 중독자들은 점점 더 많은 약을 먹어야 한다. 자기계발서도 마찬가지다. 사람들은 건강을 위해 혈액형별 식사법이나 '마음챙김 식사법mindful eating'을 시작하자마자 그보다 더 새롭고, 더 근사해 보이는 비법에 마음이 빼앗긴다. 사야 할 책과 알아야 할 개념과 수강해야 할 강좌가 언제나 있다. 이런 의미에서 자기계발 산업은 고속화 문화의 소비자 정신을 반영한다. 책을 포함한 자기계발 상품은 자기를 찾도록 돕겠다고 약속하지만 실제로는 끊임없이 자기를 변화시키는 일에 매달리게 한다. 앤서니 로빈스가 설교한 '쉼 없고 끝없는 향상'이다. 그러니 자기계발 산업은 내가 앞서 모순 기계라 불렀던 것의 변종일 뿐이다. 전체적으로 자기계발서 장르는 안정성보다는 유동성을 찬양한다. 진정한 자신이 되어야 하는 동시에 늘 변화해야 한다.

요즘 두 번째로 큰 출판 장르인 전기도 마찬가지다. 전기가 베스트셀러 목록 상위권에 끊임없이 오르는 이유는 유명인들은 어떻게 자아를 실현했는지 궁금해 하는 사람들이 많기 때문이다. 전기의 주인공들이 점점 젊어지는 추세를 보면 자아실현도 점점 이른 시기에 성취해야 할 것이 되는 듯하다. 자신만만한 스포츠 스타들은 대개 서른 살쯤 되면 자서전을 쓴다. 많은 기업인과 TV 사회자, 음악가, 배우 들도 자서전을 출판한다. 사실 전기와 자서전의 기본 논리는 늘 똑같다. 삶이란 주인공이 개인적 선택과 경험을 통해 진정한 자아를 실현하는 여정이다. 전기의 아류로, 2장에서도 언급했던 역경 수기가 있다. 역경 수기는 특히 충격적인 경험(위기나 이혼, 신경쇠약)을 인생이 우리에게 안겨준 선물처럼 그린다. 이런 수기에서 고통은 긍정적으로 받아들이기만 한다면 우리 자신을 더 깊이 이해하고, 결국 더 나은 삶을 살도록 도와줄 자산이 된다. 자서전은 부정적인 결과만 낳는 위기는 거의 그리지 않는다. 위기와 역경을 개인의 성장과 개발을 위한 기회로 그릴 때가 훨씬 많다. 물론 위기와 역경이 성장의 기회가 될 때도 더러 있다. 그러나 말 그대로 위기와 역경일 뿐일 때도 있다. 좋은 결과라고는 조금도 없는 끔찍한 상황일 때도 있다. 오히려 부정적인 상황을 있는 그대로 받아들이고 존엄하게 살려고 애쓰는 게 나을 때도 많다. 그러나 이런 지혜는 전형적인 자기계발서나 자서전에서 배우지 못할 것이다(대신에 세네카와 마르쿠스 아우렐리우스에게서 영감을 구하라).

자기의 테크놀로지, 소설

반대로 나는 소설을 읽어야 시련을 받아들이는 법을 배울 수 있다고 생각한다. 물론 소설은 상업소설부터 러시아 실존주의 고전에 이르기까지 대단히 넓은 범주이다. 자기계발적 사고와 비슷하게 단선적 전개를 따르는 소설도 셀 수 없이 많다. 그러나 중요한 점은 소설이라는 형식이 삶과 자아를 다양한 방식으로 자유롭게 보여줄 수 있다는 것이다. 현대인들이 삶을 자전적 프로젝트로 생각하는 현상은 분명 현대 소설이라는 문학 형식의 출현과 관계가 있다.[4] 소설은(1606년 출판된 세르반테스의 『돈키호테』가 최초의 소설로 꼽힌다) 한 개인의 세상 경험을 묘사하며 그의 관점이 책에 묘사된 세상에 어떻게 영향을 미치는지 탐구한다. 이 점에서 소설은 앞 시대의 문학과 대비된다. 예를 들어 민요와 이야기 같은 중세의 표준적인 서사는 보편적인 경험을 대표하는 일반적 상황에 집중함으로써 '모든 사람 everyone'을 묘사한다. 소설은 개인화의 초기 단계와 더불어 성장했으며(둘 다 개인화 시대의 산물이자 공동 창조자이다) 독서 대중에 세상을 주관적이며 1인칭 시점으로 이해하는 법을 가르쳤다.

소설이라는 장르가 진화하자 러시아의 문학 이론가 미하일 바흐친Mikhail Bakhtin이 소설의 다성성polyphony이라는 개념을 제시했다. 곧 소설가는 하나의 목소리에 제한되지 않고 다양한 목소리로, 심지어 서로 충돌하는 목소리로도 말할 수 있다는 것이다. 그러나 이때도 소설이 다루는 세상은 여전히 하나다. 다양한 인물이 다양한 관점과 목소리로 하나의 세상을 해석할 뿐이다.

근래에는 가끔 다신적polytheistic이라 불리기도 하는, 새로운 형식이 등장했다.[5] 베스트셀러 소설가이자 노벨문학상 후보자인 일본 작가 무라카미 하루키村上春樹는 다신적 소설을 쓰는 작가 가운데 하나다. 다신적 소설에서는 많은 신들(또는 세계관)이 모인다. 그러나 많은 관점이 단 하나의 세상으로 합류하는 것이 아니라 서로 다른 많은 세상이 있어서 독자가 이 세상으로 빨려 들어갔다가 저 세상으로 빠져나온다.

하루키 소설의 다신적 특성은 많은 작품에 드러나지만 이른바 '리틀 피플'이 등장하는 최근 걸작인 『1Q84』에서 가장 많이 드러난다. 하루키의 소설에서 현실은 종종 형태를 바꾼다. 어쩌면 그의 소설을 마술적 사실주의라 부를 수 있을지도 모르겠다. 물론 그의 작품은 마술적 사실주의의 선구자인 가브리엘 가르시아 마르케스Gabriel Garcia Marquez와 호르헤 루이스 보르헤스Jorge Luis Borges 같은 남아메리카 작가들의 작품과는 다르다(그리고 더 우울하다).

이렇게 보면 소설은 세상을 보는 하나의 관점에서 여러 관점을 반영하는 것으로 발전했고, 마침내 다양한 세상을 보는 다양한 관점을 반영하기에 이르렀다. 하루키가 묘사한 많은 세상을 읽다 보면 흔들리는 토대 위에 서 있는 듯한 느낌이 든다. 알고 있다고 생각했던 것들을 의심하기 시작한다. 혹시 이 책의 3장을 조금이라도 기억한다면 어쩌면 이제 의심하는 사람들이 절박하게 필요한 세상이 되었기 때문인지도 모른다. 우리에게는 의심의 윤리가 필요하다.

의심의 윤리를 실천하기란 말처럼 쉽지는 않다. 하지만 소설은 의심의 윤리를 실현하기에 철학서나 자기계발서보다 더 적절하다. 나는 찰스 디킨스Charles Dickens, 블라디미르 나보코프Vladimir Nabokov, 코맥 맥카시Cormac McCarthy의 소설들이 앤서니 로빈스의 코칭 안내서나 마틴 셀리그만의 긍정 심리학보다 우리를 더 나은 사람으로 만들어주리라 확신한다. 물론 소설과 자기계발서를 비교하는 것은 사과와 배를 비교하는 것과 같다. 하지만 둘의 공통점도 있다. 둘 다 사람으로 존재하는 것이 무엇을 뜻하는지, 삶이란 무엇인지를 다룬다. 우리가 자아와 자기계발을 유일신처럼 숭배하는 앤서니 로빈스 대신 하루키의 복잡한 다신적 세계관으로 세상을 본다면 우리 문화의 인간관이 어떻게 달라질까?

소설이 여러 세기에 걸쳐 변화하는 동안 소설 독자도 진화했다. 철학자 미셸 푸코Michel Foucault의 용어를 쓰자면 소설은 일종의 '자기의 테크놀로지Les techniques de soi'다. 푸코는 자아가 주체성을 형성하고, 주체성에 영향을 미치는 테크놀로지와 늘 엮여 있다고 보았다. 자기의 테크놀로지는 개인들이 주체로서(곧 행동하는 개인으로서) 특정 방식으로 자신을 창조, 재창조하고 개발하면서 자신과 관계하는 모든 도구를 일컫는 푸코의 용어다.[6]

푸코는 스토아 철학자들의 편지, 자전적 고백, 양심의 검토, 금욕주의, 꿈의 해석처럼 한 시대를 대표하는 자기의 테크놀로지를 검토했다. 얼핏 보기에는 푸코가 말하는 자기의 테크놀로지가 자기계발 개념과 같아 보일지 모른다. 그러나 중대한 차이가 있다. 오늘날 자기계발은 내적 자아를 발견하고 실현해야 할 것으로 보지만 푸코는 자아를 환상으로 본다. 곧, 화가가 그린 초상화처럼 창조되는 것이라 생각한다. 푸코가 생각하는 자아는 창조되기 전에 이미 존재하지도 저절로 생겨나지도 않는다.

또 다른 차이는 푸코가 말하는 자기의 테크놀로지라는 개념이 윤리와 밀접히 연결돼 있다는 점이다. 윤리라는 개념은 푸코의 후기 사상에서 중요한 몫을 차지한다. 푸코의 후기 사상에서 윤리는 자기가 자신과 맺는 지속적 관계를 나타낸다. 그러므로 윤리는 추상적인 철학이 아니라 현실에서 주체가 경험하는 양육과 교육과 연결해서 이해되어야 한다.[7]

어떤 사람이 된다는 것, 주체가 된다는 것은 자아에 이미 존재하는 특성을 발견하고 개발하는 일일 뿐 아니라 사람으로 산다는 것이 윤리적으로 무엇을 뜻하는지 깊이 생각하는 일이기도 하다. 더 나아가서 윤리는 다신적 세상에서 특히 중요하다. 다신적 세상에서 삶의 목적은 자신의 진실을 발견하는 것이 아니라 (3장에서 한나 아렌트가 주장한 대로) 진실하게 사는 것이다. 소설을 읽으면 이를 더 잘 이해하는 데 도움이 된다.

환상 없이
환상적인 문학

지금쯤 "좋아요. 그런데 '무엇을' 읽어야 하나요?"라고 묻고 싶을 것이다. 대답하기 어려운 질문이다. 물론 대답은 사람마다 다르다. 나로서는 호메로스Homeros부터 단테Dante와 셰익스피어Shakespeare뿐 아니라 수많은 현대 소설가들의 작품을 읽을 가치가 있다는 빤한 대답에 덧붙여 내게 도움을 줬던 몇몇 작가와 책을 추천할 수 있을 뿐이다. 나는 도널드 덕Donald Duck부터 세르반테스Cervantes까지 모든 곳에서 영감을 찾을 수 있다고 생각한다. 그러니 내가 좋아하는 책 소개가 너무 잘난 척하는 것처럼 들리지 않았으면 좋겠다. 앞에서도 언급한 대로 나는 하루의 팬이다. 꿈부터 요리에 이르기까지 모든 것을 생생하게 묘사하는 하루키의 글을 읽다 보면 명상 같은 상태에 빠지곤 하는데 내가 생각하기에는 그 어떤 마음챙김 명상보다 낫다. 하지만 하루키 말고도 내게 무척 중요한 현대 작가가 두 사람 더 있다.

하나는 프랑스 작가 미셸 우엘벡Michel Houellebecq이다.

그 역시 고속화 문화의 예리한 관찰자다. 그는 유명하고 악명 높으며 논란이 많은 작가다. 우엘벡을 에밀 졸라Emile Zola까지 거슬러 올라가는 프랑스 실증주의 전통을 계승한 뛰어난 작가로 평가하는 사람이 있는가하면 선정적인 돌팔이 작가쯤으로 생각하는 사람도 있다. 이 논쟁을 정리하려고 애쓰지 않겠다. 어쩌면 둘 다 맞는 말일지 모른다. 그럼에도 그의 소설은 삶과 자아에 대한 생각이란 어느 한 개인이 좌지우지하지 못할 만큼 무척 포괄적인 사회적, 역사적 과정의 결과임을 보여주려 애쓴다. 또한 이런 사회적, 역사적 과정의 문제도 그린다(해학적이고 풍자적으로). 우엘벡의 책을 읽으면 힘이 빠진다는 사람들도 있지만 나는 정반대다. 환상이라고는 조금도 없는 우엘벡의 관점에는 우리 시대와 우리 시대의 문제들에 대한 사유를 고양시키는 면이 있다.

우엘벡의 책이 순수한 허구인지, 의미 있는 자전적 요소를 품고 있는지 판단하기는 어렵다.[8] 그의 작품은 (자전적) 사실과 허구, 예술과 과학의 경계를 끊임없이 넘나든다. 주인공은 미셸 우엘벡 자신을 떠올리게 할 때가 많다. 사실

대부분의 소설에서 남자 주인공은 미셸이라 불린다. 그의 가장 잘 알려진 책 『소립자Les Particules Elementaires』에서 주인공은 자기계발에 집착하는 부모에게('두 사람은 육아의 부담이 개인의 자유를 추구하는 자신들의 이상과 양립할 수 없음을 곧 깨달았다') 버림받은 뒤 할머니 손에서 자란다. 이 점은 우엘벡 자신의 삶과 비슷하다.

우엘벡의 작품에서 반복되는 주제는 점점 속도가 빨라지는 소비자 사회에서 벌어지는 인간관계의 끝없는 상품화이다. 그의 소설에 등장하는 거의 모든 관계의 특징은 서비스 교환이다. 이처럼 서비스를 교환하는 관계에서 개인의 경험은 무척 소중한 자산이 되고 인생의 모든 것을 평가하는 기준이 된다. 사랑은 대개 순전히 성적인 관계로만 묘사된다. 피상적이며 코믹한(우주적인) 뉴에이지 철학으로 이루어진 종교는 새로운 경험을 파는 시장에 나온 또 하나의 상품일 뿐이다. 우엘벡의 소설은 자기탐색과 자아실현이라는 개념이 사실상 우리의 가장 친밀한 관계조차 상품화되고 도구화되는 후기 자본주의 사회의 반영일 뿐임을 알려준다. 삶에서 중요한 것은 단단히 딛고 설 토대로 삼을 만한 외적 기준을 찾는 것이 아니라 되도록 많은 경험을 채워 넣는 것이 되고 말았다. 그러니 "1960년대, 70년대, 80년대, 90년대에 도덕적 가치가 버려진 것은 당연한, 거의 불가피한 과정이었다."⁹ 우엘벡은 탈근대 소비자 사회에서 삶의 중요한 측면과 정체성(의 붕괴)을 디스토피아적으로 묘사했다. 그의 묘사는 정확한 동시에 과장되었다. 이런 의미에서 그의 소설은 가속화 문화, 그리고 그 문화가 우리에게 미치는 영향을 분석한 일종의 문학적 사회학이라 할 수 있다.

노르웨이 작가 칼 오베 크나우스고르Karl Ove Knausgård도 비슷하다. 크나우스고르는 최근 그의 어마어마한 자전적 소설『나의 투쟁Min Kamp』으로 대단한 국제적 호평을 누리고 있다. 수천 쪽에 걸쳐 최면을 걸듯 독자를 빨아들이는 『나의 투쟁』에서 크나우스고르는 일상의 자질구레한 일들을 매혹적일 정도로 집요하게 묘사한다. 크나우스고르는 우엘벡만큼 비판적이거나 풍자적이지는 않지만 우엘벡만큼이나 환상이 없다(그리고 그의 진짜 삶과 더 밀접히 엮여 있다). 그렇다면 저자가 자신의 이야기를 바탕으로 쓴 위대한 책 『나의 투쟁』은 자서전이 아닌가? 아니다. 지금 내가 쓰고 있는 이 책을 자기계발서라 부르기 힘든 만큼이나 『나의 투쟁』도 자서전이라 부르기 힘들다. 또는 그 기이함 때문에 자서전, 혹은 소설이라는 장르를 해체한다고 말할 수 있다. 자서전을 쓰는 사람은 자신을 창조하거나 실현하는 과정에서 삶의 전환점이 된 결정과 중요 사건들을 이야기한다. 반면 크나우스고르는 하찮아 보이는 일들을 썼다. 이를테면 스웨덴 아이들의 정치적으로 올바른 생일파티에 참가한 경험이나 자신의 부족한 성 경험에 대해 쓴다.

그런데 이런 이야기들이 그냥 지나치면서 하는 이야기가 아니라 오히려 핵심이다. 자신의 초상을 그린다기보다는 (우리와 다른 사람, 가족, 자연과의 관계를 포함한) 사람의 삶에 대한 문학적 성찰에 가깝다. 어쩌면 객관적으로 따졌을 때 우엘벡도 크나우스고르도 '옳지' 않을지 모른다(그리고 두 사람 모두 실제 사람들과 장소를 소재로 써서 소송을 당했다).

그러나 더 깊은 의미에서 보자면 나는 그들의 책이 우리 삶을 '진정'으로 묘사했다고 생각한다. 그들이 우리에게

(아마 종교인들이나 찾을) 유일한 진리를 제시하기 때문이 아니라 고속화 문화에서 삶의 여러 모습을 진실하게 묘사했기 때문이다. 이들의 책을 읽으면 우리에게 환상을 심어주지 않는, 황량하고 부정적인 문학이 꼭 우리를 우울하거나 비관적으로 만들지는 않는다는 것을 알 수 있다. 반대로 이런 책들은 자아 밖에 있는 모든 것들의 중요성을 강조하므로 우리에게 도움이 된다.

읽기의
기술

적어도 한 달에 소설 한 권은 읽어라. 우리는 대개 그 정도
는 할 수 있다. 나는 앞에서 몇 권을 추천했고 왜 하루키와
우엘벡, 크나우스고르 같은 작가들을 읽을 가치가 있는지
설명했다. 그들은 자기계발서와 전기와는 완전히 다른 자
아 개념을 제시한다. 우리는 우리가 읽은 것에 영향을 받
는다. 전기와 자기계발서를 선택한다면 내면에 진정한 자
아가 있으며 그 자아를 찾고 계발하는 일에 삶을 바쳐야
한다고 생각하게 된다. 그런 책들은 자아를 계발하는 긍정
적이고 낙관적인 이야기로 우리를 둘러싸고 계발을 찬미
하라고 부추길 것이다.

반면 소설은 더 복잡하고, 심지어 다신적인 세계관을 제
공한다. 자기계발서가 아니라 소설로 삶을 해석한다면 어
떤 일이 일어날지는 확실히 모르겠지만 우리가 살고 있는

세상을 좀 더 정확하게 이해할 수 있지 않을까 싶다. 소설은 사회적, 역사적 과정을(우엘벡) 다성적 관점으로 바라보며(하루키) 일상의 사소한 일도 무심히 넘기지 않을 것이다(크나우스고르).

우리는 어떻게 소설에서 단단히 서 있는 법을 배울 수 있을까? 소설에서 우리는 단단히 설 토대가 될 만한 외적인 의미나 삶의 관점을 찾을 수 있다. 적어도 영향력 있는 미국의 철학자 휴버트 드레이퍼스Hubert Dreyfus와 숀 켈리Sean Kelly는 『모든 것은 빛난다All things Shining』에서 그렇게 주장했다. 이들은 책의 부제에서는 세속화된 시대(신이 없는 세상)에서 삶의 의미를 찾기 위해 서양 고전을 읽으라고 추천한다.[10]

드레이퍼스와 켈리는 데이비드 포스터 월리스David Foster Wallace와 호메로스, 단테, 허먼 멜빌Herman Melville 같은 작가들을 다루며 이들의 작품이 어떻게 우리가 세상과 세상이 제공하는 것에 마음을 열도록(요즘 사람들이 잃어버린 능력이라 여기는) 돕는지 살핀다. 드레이퍼스와 켈리에 따르면 요즘 사람들은 자기 안을 들여다보는 데 익숙하고 내적 경험에 몰두하지만 우리를 둘러싼 세상으로부터 의미를 끌어내는 법을 모른다. 그들은 고전이 이런 단점을 고치는 데 도움이 되리라 생각한다.

하루키처럼 그들도 다성적이며 심지어 다신적인 관점이 필요하다고 생각하며 이런 관점을 멜빌에게서 찾는다. 멜빌의 다면적인 상징주의는 흰 고래를 다신교의 신처럼 그리기도 한다(무슨 말인지 모르겠다면 『모비딕』이나 『모든 것은 빛난다』를 읽으면 모두 이해될 것이다). 겉모습과 내면의 본질을 구분하는 일신적 관점(내면의 진정한 자아와 바깥의 가면을 구분하는 자아 종교의 특징인)과 달리 다신적 관점에서는 겉모습 뒤에 또 다른 층위의 현실이 숨어 있다고 보지 않는다. 보이는 그대로가 전부라는 소리다.

자기계발에 매달리는 문화에서는 대단히 충격적인 관점일 수 있다. 이런 얘기를 하다 보니 오스카 와일드Oscar Wilde가 떠오른다. 와일드는 『도리언 그레이의 초상The Picture of Dorian Gray』에서 오직 천박한 사람들만 겉모습을 근거로 판단하지 않는다고 주장했다. "세상의 진짜 미스터리는 보이지 않는 것이 아니라 보이는 것에 있다."[11]

우리 문화가 얄팍하고 오직 외면만 바라본다는 소리를 우리는 자주 듣는다. 그러나 드레이퍼스와 켈리, 와일드의 말이 옳다면 오히려 그 반대다. 우리는 외면을 충분히 보지 못하고 있다. 우리는 내면에 현실이 숨어 있다고 생각한다. 그러나 표면 아래, 내면에는 아무것도 없다. 진정성은 없다.

Stand Firm

7장

돌아보다

지금 **상황이 나쁘다**고 생각하는가? 그러면 언제든 더 나빠질 수도 있다는 사실을 기억하라. **아마 더 나빠질 것이다.** 반면에 머나먼 과거일수록 더 밝고 환하다. 누군가 혁신 계획과 미래 '비전'을 내놓는다면 어느 모로 보나 옛날이 더 낫다고 말하라. '발전'이라는 생각이 고작해야 몇 백 년 전에 나왔을 뿐이며 **사실상 파괴적인 생각**임을 설명하라. 같은 일을 되풀이하라. 본받고 싶은, 뿌리를 내린 사람을 찾아라. 그대로 머무를 권리를 강력히 주장하라.

지난날을 돌아볼 줄 아는
존재

고속화 문화는 '현재'와 '미래'에 몰두하지만 '과거'는 그다지 신경 쓰지 않는다. 명상과 마음챙김 같은 뉴에이지와 심리 기법은 우리를 현재에 머물도록 만드는 방법들이다. 경영과 조직 개발 분야에서는 (악명 높은 U-이론의 주창자인) 오토 샤머의 개념인 '현존감presencing(현존presence과 감지함sencing을 결합한 말로 지금 여기로부터 근원적인 내면을 거쳐 가능성의 미래 공간을 만나게 된다는 개념-옮긴이)'이 '바로 지금' 일어나는 일에 집중해야 강조한다. 그러나 지금 순간을 더 강렬히 인식하는 목적은 바로 다가오는 미래에 우리의 효율성을 개선하기 위해서다. 그러므로 '내일' 성공하기 위해 '지금' 현존해야 한다. 덴마크의 비즈니스 자

문화사 앙케르후스는 오토 샤머와 U-이론을 이렇게 소개한다.

우리는 우리 시대의 근본적 문제를 과거의 해법으로 풀수 없습니다. 단지 과거를 되풀이해서는 조직과 사회의 문제를 새롭게, 혁신적으로 해결하지 못합니다. 우리가 개인적으로나 집단적으로나 우리의 진정한 자아를 경험하고 케케묵은 사고방식과 행동양식이 왜 우리를 구속하는지 알아내려면 새로운 것이 필요합니다. 그것이 바로 샤머가 '현존감'이라 부른 새로운 사회공학입니다.

U를 거치는 여행에서 우리는 열린 마음과 열린 가슴, 열린 의지로 미래를 대면하고 우리가 지닌 최상의 미래 잠재력을 성취하는 법을 배우게 됩니다.[1]

U-이론은 사실상 마음챙김을 조직 혁신에 적용한 개념이다. 과거를 돌아본다면 오늘날에는 효과가 없는 낡은 관습밖에 배울 수 없으므로 우리는 지금 이 순간에 집중해야 (이제 우리 모두 알다시피 신화에 불과한) 우리의 '진정한 자

아'를 경험하며 미래에 완전한 잠재력을 실현할 수 있다는 생각이다. 과거는 한물갔다. 현재가 대세다. 현재가 미래를 최적화하는 열쇠다.

이처럼 현재를 추종하는 사람들에게 조금 짓궂은 질문을 던지고 싶다면 누가 지금 여기에 가장 현존하는지 물어보라. 물론 대답은 인간이 아닌 동물들이다. 동물들은 과거를 회상하거나 과거 세대가 습득한 지식을 새 세대로 전달할 인지능력을 무겁게 짊어지지 않는다. 인간이 아닌 동물은(아기들도) 현재에 산다. 인간이 다른 동물과 다른 점은 현재 순간을 뛰어넘어 고유한 방식으로 과거를 사용하는 점이다. 그런데 과거를 돌아보는 일이 왜 이토록 시대에 뒤떨어진 일로 여겨지게 되었을까? 나는 이런 현상이 가속화 문화와 관련 있다고 생각한다. 가속화 문화는 본질적으로 미래를 지향하며 새로운 생각을 끊임없이 만들어내는 데 몰두한다. 요즘에는 심지어 '미래학'만 다루는 회사와 기관, 컨설턴트가 있을 정도다. 사람들은 앞에 놓인 미래를 준비하고, 미래를 만들어가기 위해 트렌드를 찾아내는 게 중요하다고 생각한다. 사실 미래학자는 미래를 연구하기보다는 미래를 '창조'한다. 미래학자들이 고객들에게 생각과 개념(꿈의 사회, 여가사회, 감성사회를 비롯해 지난 수 년간 등장했던 온갖 개념들)을 팔면 고객들은 미래학자들이 곧 닥치리라 예견한 새로운 사회에 맞춰 변화한다. 그러면 미래학자들의 예견이 실현된다. 바로 고객들이 그 새로운 사회를 준비했기(그리고 돈을 지불했기) 때문이다. 여기에서 도 모순을 볼 수 있다. 바로 우리가 미래를 준비한 대로 미 래가 만들어지는 모순이다! 정치학자들이 세계시장에서 중국과 경쟁하기 위해 우리 경제를 개혁해야 한다고 말하 면 우리는 그들의 견해를 받아들여 경제를 개혁한다. 정치 인들이 마거릿 대처의 'TINA There Is No Alternative'를 흉내 내 서 현재 상황에서는 대안이 없다고 말할 때 많은 사람이 그 의견에 설득된다면 '대안이 없다'는 말은 결국 자성적 예언이 되고 만다. 사회학에서 흔히 말하는 토마스 정리 Thomas theorem에 따르면 "사람들이 어떤 상황을 현실로 정 의하면 결과적으로 그 상황이 현실이 된다." 그게 바로 미 래학과 미래에 대한 우리의 집단적 집착이 작동하는 방식 이다. 특정 트렌드가 실제로 일어난다고 말하면 그 트렌드가 미래 준비에, 그리고 미래에 진짜 영향을 미친다.

그래서 앞서도 언급했던 철학자 사이먼 크리츨리는 미래와 영원한 발전이라는 개념에 미친 듯 매달리는 것이 무척 해롭다고 주장한다. "미래와 발전을 숭배하는 이 이데올로기로부터 할 수 있는 한 철저히 빠져나와야 합니다. 발전이라는 생각은 탄생한 지 200년밖에 되지 않았고 진짜 나쁜 생각입니다. 빨리 빠져나올수록 더 좋습니다."[2]

우리는 발전 대신 반복을 중요하게 여기고 과거를 곱씹는 법을 배워야 한다. 이것이야말로 인간다움을 더 정확히 표현하는 길이자 성숙한 삶의 태도이다. 그러나 과거를 돌아보는 일은 쉽지 않다. 어린이와 십대, 동물들은 모두 미래를 바라보며(바라보아야 하며) 사람의 기억도 회고적이기보다는 훨씬 미래 지향적이다. 기억은 새로운 미지의 상황에서 행동할 토대를 제공한다(단지 과거를 위해 과거를 회상하는 도구가 아니다).[3] 그러나 과거를 회상하는 것은 어른들의 특징이기도 하다. 우리는 삶을 어떻게 살아야 할지(이 문제는 잠시 후에 다루겠다), 문화를 어떻게 발전시킬지 배우기 위해 과거와 경험을 끌어온다. 크리츨리의 의견에 작가

톰 맥카시Tom McCarthy가 답한 것처럼 말이다. 맥카시는 이렇게 말했다. "우리는 발전 대신 반복해야 하지요. 그러면 훨씬 더 건강한 세상이 될 겁니다. 르네상스를 생각해보세요. 르네상스는 다시 태어남을 뜻하지요. 르네상스 시대 사람들이 한 일은 이렇게 말한 것입니다. '그리스인들을 봐. 위대하잖아.' …… 셰익스피어의 연극도 마찬가지예요. 셰익스피어의 연극은 새롭다고 할 수 없습니다. 그는 오비디우스의 이야기를 다시 썼고 로마 원로원의 연설을 갖다 썼지요." 새롭고 미래지향적인 것이 그 자체로 뛰어나다고 생각하기 시작한 것은 단지 지난 몇 세기 사이에 일어난 일이다. 실제로 많은 일들은 옛날이 더 나았다.

우리는 미래 비전을 그리고 계획을 세우며 워크숍을 여는 문화를 만들었다. 그러다 보니 과거의 혜안과 성취를 너무도 쉽게 잊어버렸다. 혁신이니, 창조성이니 하는 개념들이 조직과 교육에 대한 온갖 종류의 담론에 떠돌아다닌다. 이런 담론에서 반복과 검증의 가치 같은 것은 잊혔다. 우리는 '틀을 벗어나라'는 소리를 끊임없이 듣는다. 창조성을 연구하는 학자 가운데 다행히도 덜 흥분하는 사람들은 틀이 '있다'(그리고 무엇으로 이루어졌다)는 것을 알아야 틀을 벗어나 생각하는 게 말이 된다고 지적한다. 틀의 가장자리에서 균형을 잡으면서 틀을 수정하고, 검증된 부분을 중심으로 재창조하는 것이 대체로 현명한 일일 것이다.[4] 새로움은 이미 알려진 것의 지평 안에서만 의미가 있다. 과거와 전통을 조금도 모른다면 새롭고 유용한 것을 만들어낼 수 없다.

양심과 의무는
시간을 관통한다

이런 문제를 자신의 삶과 연결해서 생각하면 미래에 덜 몰두하고 과거를 더 곱씹는 법을 배워야 할 이유를 깨닫게 된다. 우리가 비교적 안정적인 정체성을 유지하고, 따라서 다른 사람과 도덕적으로 관계를 맺으려면 과거를 알고, 과거를 돌이켜보는 법을 배워야 한다. 도덕적으로 문제없이 잘 살려면 자신의 과거를 돌아보고 반성할 줄 알아야 한다. 마크 트웨인Mark Twain은 양심에 거리낄 만한 게 없다는 건 기억력이 나쁘다는 명백한 증거라고 말했다. 과거의 실수를 인정하면(그 때문에 고통스럽거나 괴로워하지는 말고 그 실수를 곱씹는다면) 적절하게 행동하는 데 도움이 된다. 역사에서 도덕적 교훈을 배우는 것도 중요하지만 우리 삶이 과거까지 이어졌음을 이해하는 것도 중요하다(우리 정체성의 뿌리를 찾을 수 있는 곳이 바로 과거다). 코맥 맥카시는 소설 『모두 다 예쁜 말들All the Pretty Horses』에서 몸의 흉터는 우리의 과거가 진짜로 있었음을 기억하게 해준다고 썼다. 친구와 연인들이 서로 흉터를 살펴보고 비교하는 것은 오랜 관습이다. 흉터는 과거 사건을 증명하는 분명한 육체적 증거이며 과거와 현재를 연결해준다. 어쩌면 조직에서 사람들이 모여 미래 비전을 만들기보다는 서로 흉터를 비교하며 과거를 돌이켜보면 어떨까?

우리가 단단히 서 있기 위해서도 과거를 돌이켜보는 것은 가장 중요한 단계라 할 수 있다. 과거를 아는 것은 단단히 서 있기 위한 조건이다. 과거가 없다면 단단히 딛고 설 '기반'이 없기 때문이다. 앞서 언급했던 찰스 테일러를 비롯한 몇몇 철학자들도 최근 이 점을 주장했다. 찰스 테일러는 돌아볼 과거가 있을 때 우리는 현재에 집중할 수 있다고 생각했다. 우리가 누구인지 알려면 우리가 어디에서 왔는지를 알아야 한다. (심리치료에 몰두하는 자기계발 문화가 끊임없이 던지는) "당신은 누구입니까?", "무엇을 원합니까?"라는 질문을 받았을 때 스냅사진을 찍듯 잠깐 멈춰 서서 우리가 지금 무엇을 느끼는지를 탐색하는 것보다 더 넓은 인생의 관점에서 우리 삶과 행동을 조리 있게 이야기하는 것이 더 낫다.

프랑스 철학자 폴 리쾨르Paul Ricoeur는 그의 영향력 있는 저서 『타자로서 자기 자신Soi-meme comme un autre』에서 자기 삶을 하나의 전체로서 이해할 때, 시간을 통과하며 나아가는 하나의 연속체로, 이야기로, 통일된 서사로 이해할 때 우리는 엄밀한 의미에서 도덕적일 수 있다고 주장한다. 그는 이렇게 수사적으로 묻는다. "이 삶이라는 것이 어떤 식으로든 하나로 모이지 않는다면 행동의 주체가 어떻게 전체로서의 자기 삶에 윤리적 특성을 부여할 수 있을까? 바로 서사의 형태가 아니라면 어떻게 이런 일이 일어날 수 있을까?"[5]

왜 '통일체로서의 삶 life as a whole'이 도덕성이나 (이 상황에서는 동의어인) 윤리의 전제조건일까? 리쾨르에 따르면 만약 다른 사람들이 내일의 내가 오늘과 어제의 나와 같으리라고 믿지 못한다면 그들이 나를 신뢰할 이유도 내가 약속을 지키고 의무를 다하리라고 기대할 이유도 없기 때문이다. 그리고 내가 내 과거를 모른다면, 내가 과거와 오늘과 내일을 연결하려고 최선을 다하지 않는다면, 다른 사람이 나를 믿어줄 이유가 없다. 리쾨르가 말하는 '자기 동일성'이 내게 없다면 나를 포함한 어느 누구도 나를 믿을 수 없다.

자기 동일성(개인의 통일성이나 정체성)은 사람 사이의 믿음이 자라는 기본적인 전제조건이며 따라서 윤리적 삶의 전제조건이다. 시간이 흘러도 우리가 여전히 우리라고 생각하므로(우리에게 다소 일관된 정체성이 있으므로) 약속을 하고 책임을 질 수 있다. 삶을 (출생부터 죽음까지 이어지는) 하나의 서사로 볼 수 있을 때만 윤리적 삶을 살 수 있다. 그러므로 미래를 묻는 자기계발보다는 과거를 묻는 자기 동일성을 얻기 위해 애써야 한다. 어느 날 문득 '자신을 발견'

했다면서 새로운 환경이나 세상 저 편에서 자기를 실현하기 위해 가족과 친구와의 연을 끊은 사람들도 있다. 물론 (학대적인 관계를 박차고 나올 때처럼) 삶의 경로를 갑자기 바꾸는 게 정당할 때도 있다. 그러나 그 동기가 오직 '자아실현'일 뿐이라면 아마 도덕적으로 의심스러운 행동이라 할 만하다. 자아가 우리 내면에서 실현되어야 할 것이 '아니라' 다른 사람과의 지속적인 관계와 그 관계를 규정하는 도덕적으로 중요한 문제들에서 찾아야 할 것이라면 우리는 다른 사람과 윤리적으로 상호작용할 때 진정한 자아실현에 이를 수 있다.

어쩌면 (양심에 거리낄 만한 게 없다는 건 기억력이 나쁘다는 명백한 증거라고 마크 트웨인이 적절히 표현한 것처럼) 자기 동일성을 지닌 개인만이 죄책감을 느끼며 도덕적 존재가 될 수 있다고도 주장할 수 있다. 죄책감과 약속은 본질적으로 서로 연결돼 있다(둘 다 근본적으로 인간적인 현상이다). 우리에게 약속할 능력이 없다면 결혼을 비롯해 믿음에 기반을 둔 장기간의 관계들은(어쩌면 '죽음이 우리를 갈라놓을 때까지 이어지는 관계는) 있을 수 없다. 또는 상품이나 재산과 관련된 합의와 계약도 할 수 없을 것이다("내일 지불할 것을 약속합니다"). 일상적인 삶도 제대로 이루어지지 않을 것이다.

우리의 일상은 크든 작든 명시적이든 암묵적이든 끊임없는 약속의 연속이다("설거지는 내가 할게"). 약속을 하고 지키는 기본적인 능력이 없다면 어떤 공동체나 사회도 지속 가능하지 않다. 약속하는 것은 하겠다고 말한 것이 반드시 이루어지도록 책임진다는 입장을 밝히는 것이다. 만약 이루어지지 않는다면 죄책감이 남아 약속을 지키지 못한 사실을 우리에게 상기시킨다. 죄책감과 책망은 지켜지지 않은 약속에 대한 심리적 반응이다. 과거의 잘못을 기억해야만 죄책감도 느낄 수 있고 책망도 할 수 있다. 과거를 모른다면 우리는 죄책감을 느낄 수 없고 도덕적으로 행동할 수 없다.

우리는 지금 굉장히 근본적인 이야기를 하고 있으므로 어쩌면 이해하기 어려울지도 모른다. 우리는 내면의 자아나 일련의 틀에 박힌 성격 특성들로 '우리가 누구인지'가 본질적으로 결정된다는 생각에 익숙하다. 그러나 나는 '우리가 누구인지'를 결정하는 것은 우리가 다른 사람에게 하는 약속과 의무라고 생각한다. 우리의 의무는 그냥 귀찮지만 해야 할 일이 아니라 삶에서 무엇이 중요한지, 그리고 우리가 근본적으로 누구인지를 표현하는 일이다. 따라서 과거를 성찰하는 일은 꼭 필요하다.

그러나 과거 성찰은 불확실한 일일 수밖에 없다. 개인적이든 문화적이든 이미 만들어진 이야기를 한꺼번에 회상하기만 하면 되는 일이 아니다. 우리는 이런저런 사건과 관계에 복잡하게 얽혀 있다 보니 그 사건과 관계들을 또렷이 이해하지 못하기도 한다. 그럼에도 단순히 '지금 이 순간에 현존하는' 것에만 만족하지 않고 과거와 현재, (특히 도덕적 근거로) 미래를 연결하는 일은 중요하다. 그런 의미에서 전기와 자서전은 한 사람의 인생을 너무나 불완전하게 담아낸다. 앞 장에서 본대로 전기와 자서전은 너무 단선적이고 개인적인 장르여서 머리가 핑핑 돌게 복잡한 현실의 삶을 제대로 그리지 못한다. 그러나 과거를 돌이켜보면 삶이 얼마나 복잡한지, 어떻게 온갖 사회적, 역사적 과정과 복잡하게 연결돼 있는지를 깊이 이해할 수 있다.

돌아보기의
기술

과거를 돌아보는 일의 가치를 확실히 알았다면 이제 할 수 있는 일이 두 가지 있다. 하나는 과거에 기반을 둔 공동체를 찾아내는 것이다. 한 개인이 시대정신을 거스를 만한 일을 하기는 어려우니 생각이 비슷한 사람들을 찾으면 도움이 된다. 혹시 그런 사람들을 찾을 수 없다면 혼자 그 일을 해야 할 것이다. 그 이야기는 곧 자세히 하겠다.

　개인이 자신의 과거를 알고 그 과거가 풍요로운 관계와 의무로 얽혀 있다는 것을 알 때 자신을 이해할 수 있듯, 공동체도 그 공동체(적어도 공동체의 구성원들이)가 아는 과거에 의해 형성된다. 그렇다고 한 가족이나 집단이 공동체로서 자신들을 규정하는 특성이 무엇인지, 혹은 그들의 역사가 무엇인지에 대해 완전히 동의해야 한다는 말은 아니다(아마 그런 일은 드물 것이다). 하지만 구성원들 사이에 일종의 합의는 있어야 한다. 철학자 알레스데어 매킨타이어 Alasdair MacIntyre는 전통은 과거의 단순한 반복과 합의와는 거리가 멀다는 것을 표현하기 위해 '살아 있는 전통living tradition'이라는 개념을 내놓았다. 그는 살아 있는 전통을 '역사적으로 오랜 기간에 걸치고, 사회적으로 구현된 논쟁이며 부분적으로는 전통을 구성하는 것들이 정확히 무엇이냐에 대한 논쟁'이라고 정의한다.[6] 전통을 오랜 시간에 걸친 '논쟁'으로 정의하는 것이 이상해 보이겠지만 이 개념은 (정치적 협동이든, 교육활동이든, 예술활동이든 간에) 어떤 전통이든 그 전통이 무엇인지, 그 전통을 어떻게 정당화하거나 변화시킬지에 대한 토론을 지속적으로 필요로 한다는 것을 시사한다. 전통은(물론 죽은 전통이 아니라면) 단일하지도 않고 불변하지도 않는다. 전통은 살아 있고 역동적이며 끊임없이 움직인다.

이런 전통에 참가할 때(이를테면 가족생활로, 교육으로, 일로, 예술로, 스포츠로) 우리는 비로소 사람이 된다. 우리가 생겨나고 살아가는 전통을 알 때만 자신을 이해할 수 있다. 꽤 흔한 이야기이지만 우리는 미래에 열광하느라 종종 이런 사실을 잊곤 한다. 전통이 없다면, 그리고 전통의 역사가 없다면 아무것도 의미가 없다. 어떤 행동이나 문화적 산물의 모든 의미와 의의는 오랜 시간에 걸쳐 형성된 관습에 빚진다. 그러므로 문화적, 역사적 존재나 통일체로서 우리 자신을 이해하기 위해 과거를 곱씹어야 한다. 그럴 때 비로소 단단히 딛고 설 만한 것을 찾게 될 것이다.

스토아 철학자 세네카에 따르면 지나치게 바쁜 사람은 과거를 응시하지 않는다. 그는 "그러므로 바쁜 사람들은 현재 순간에만 관심이 있는데 현재 순간은 너무 짧기 때문에 잡을 수 없으며 심지어 그 짧은 순간마저도 슬쩍 달아나버려 결국 그들은 여느 때처럼 많은 일들을 처리하는 데 정신을 판다"라고 썼다. 동시에 이곳저곳에 있고 싶은 사람은 어디에도 단단히 서 있지 못한다. 세네카는 또 이렇게 말한다. "침착하고 잔잔한 마음은 삶의 구석구석을 산책할 힘이 있다. 그러나 너무 바쁜 마음은 무거운 멍에를 지기라도 한 듯 몸을 돌려 뒤돌아보지 못한다. 그러므로 그들의 삶은 어두운 나락으로 사라져버린다." 세네카에 따르면 과거의 좋은 점은 "우리가 부르면 지나간 모든 날들이 나타난다는 것이다. 우리 뜻대로 과거를 응시하고 간직할 수 있다. 그러나 너무 바쁜 사람들은 이런 일을 할 시간이 없다."[7]

그러므로 자신의 과거뿐 아니라 우리가 속한 문화의 과거를 돌아보는 것도 중요하다. 그리고 살아 있는 전통을 실천한다면 훨씬 더 좋을 것이다. 예를 들어 수공예를 배우거나 악기를 연주하는 사람은 오랜 역사에 걸친 특정 관습이 있었기에 수공예나 연주가 가능하다는 것을 안다. 수공예나 연주를 재창조할 때마다 우리는 그 관습을 유지하고 발전시키는 셈이다. 살아 있는 전통을 실천하는 것은 우리 삶의 역사적 깊이를 되새기는 일이다. 이런 식으로 우리는 모든 것이 항상, 반드시 발전하지는 않는다는 것을 배우게 된다. 이를테면 300년도 더 전에 스트라디바리우스의 공방에서 제작된 바이올린만큼 좋은 바이올린을 요즘에는 만들지 못한다. 오늘날 우리는 그처럼 빼어난 악기를 만들지 못할 뿐 아니라 그렇게 오래 가는 (심지어 시간이 갈수록 더 좋아지는) 물건은 '어떤 종류든' 만들기 어렵다. 우리는 미래에 집중하지만 우리의 생애주기에 제한된 근시

안적 미래일 뿐일 때가 많다. 혹시라도 운이 좋아서 스트라디바리우스 바이올린을 잡을 기회가 있다면 그 악기를 제작한 거장과 지난 수백 년간 그 악기를 연주했던 수많은 재능 있는 음악가들에 대해 생각해보라. 내가 지금 최악으로 상투적인 보수주의에 호소하는 게 아니냐고 지적할 독자도 있을 것이다. 맞다. 하지만 그렇게 훌륭한 솜씨와 요즘 대량생산된 잡동사니들을 비교하다 보면 그러지 않기가 힘들다.

이런 형태의 살아 있는 전통과 예술이나 음악에 열정을 지닌 공동체를 만날 만큼 운이 좋지 않다면 그래도 여전히 당신이 할 수 있는 일이 있다. 6장의 서두에서 썼듯 같은 일을 되풀이하는 연습을 하라. 당신이 본받을 만한, 뿌리를 내린 사람을 찾아라. 그대로 머무를 권리를 주장하라. 이런 일은 꽤 재미있을 수 있다. 열광적으로 미래만 바라보는 지인과 대화를 나누며 옛날에 모든 것이 더 나았다고 주장해보라. 물론, 전적으로 옳은 말은 아니지만 미래가 무조건 좋다는 교리를 수정하는 데 도움이 될지 모른다. 그러니까 새것이니 무조건 좋다거나, 과거를 곱씹을 필요 없이 필요한 순간에 무엇이든 '다운로드'만 하면 된다는 믿음을 바로잡는 데 유용할 것이다.

반복과 전통에는 위대한 가치가 있으며 혁신은 심각한 문제를 일으킨다. 그러나 논점을 흐릴 위험을 무릅쓰고 덧붙이건대 더 깊이 생각해보면 모든 반복은 혁신적이다. 나도 이를테면 강의를 할 때 같은 일을 자주 되풀이한다. 하지만 모든 강의는 자기만의 고유한 분위기를 지닌 고유한 사건이다. 그리고 아이 둘을 둔 부모라면 세 번째 아이가 태어났을 때 "아, 어쩔 수 없지. 또 하나가 더 생겼네"라고 말하지 않을 것이다. 어떤 의미에서는 같은 일을 반복하는 셈이지만 모든 반복은 (아이는) 저마다 고유하고 그만큼 많은 관심과 돌봄을 필요로 한다. 반복할 때마다 특별하고, 개별적인 필요에 적절하게 반응해야 한다. 육아는 살아 있는 전통이다. 좋은 부모(어쩌면 바로 당신의 부모?)는 단단하게 '뿌리 내리는' 삶이 어떤 삶인지 보여주는 실존적 역할 모델이 될 수 있다. 부모가 책임지는 개인(아이들)과의 관계보다 더 중요한 것을 상상하기는 힘들다. 다른 사람을 책임지는 일에 관한 한 유동성보다는 안정성이 중요하다.

흐름에 역행하는 용기

이 책에서 제시한 7단계까지 마무리했다면 요즘 문화에 만연한 미친 자기계발 명령에 저항할 준비가 되었을 것이다. 지금까지 당신은 나를 비롯해 많은 사람이 막연하게 불편하고 불쾌하게 느끼던 우리 문화의 여러 면을 설명할 다양한 개념을 살펴봤다. 나는 이 책을 읽은 독자들이 갈수록 페달을 세차게 밟아대는 '고속화 문화'를 비판적으로 바라보며 거리를 둘 수 있다면 좋겠다. 고속화 문화는 개별적이며, 다른 사람에 대한 의무와 약속을 비교적 소홀히 여기는 사람을 좋게 여긴다. 달리 말해 안정성보다 유동성을 우선시하는 사람이 고속화 문화의 이상이다. 운명과 성공의 책임이 점점 더 개인에게 무겁게 지워지고 있다. 강한 개인이 훌륭한 사람으로 여겨진다. 고속화 문화는 우리에게 자기를 아는 사람, 자기를 (그리고 자아라는 개념을) 가장 중요하게 여기는 사람, 내면의 느낌을 알고 자신의 목적을 이루기 위해 개인적, 감성적 능력을 직장에서나 (애정생활을 비롯한) 개인적인 삶에서나 이용하는 사람이 되라고 한다. 우리는 혼자서 삶의 방향을 찾아야 하고 그 길에서 자신이 쏟은 모든 노력을 수량화해서 평가해야 한다. 모든 해답이 우리 안에 있기 때문이다. 바로 이런 이유 때문에 내면탐색과 긍정, 자아실현을 돕도록 고안된 심리치료와 코칭, 상담 시장이 번창한다. 또한 업무능력개발평가와 개인성장 프로그램을 비롯해 일련의 모든 자기계발 기법들이 다양한 사회 영역에서 제도화된다.

바라건대 이 책이 이런 움직임을 이해하고, 불쾌함을 표현할 언어를 익히는 데 도움이 될 뿐 아니라 영원히 자기계발을 좇기보다는 단단히 서 있을 수 있는 방법들도 보여주었길 바란다. 당신은 이 책을 읽는 동안 자기탐색에 시간을 덜 쏟고, 삶의 부정적인 면을 바라보며, '아니요'라고 대답하고, 감정을 자제하며, 코치와 (그리고 다른 자기계발 강사들과) 헤어지고, 자기계발서 대신 소설을 읽으며, 미래보다 과거를 곱씹을 가치를 배웠다. 나는 분명 강요된 자기계발에 맞서려다 보니 상당히 부정적인 그림을 그렸을 것이다. 실제로 내가 제시한 대안도 자아와 내면의 느낌, 진정성, '예'라고 대답하기, 자기계발을 긍정적으로 찬양하기만큼이나 쉽게 왜곡될 위험이 있다. 나는 이렇게 어깃장을 놓음으로써 고속화 문화를 비롯해 고속화 문화가 전파하는 지혜라는 것이 얼마나 어리석은지 보여주고 싶었다. 끊임없이 움직이고 항상 긍정적이며 미래에 집중하고 자신을 모든 것의 중심에 놓는 삶은 '진짜' 어리석다. 어리석을 뿐 아니라 사람과 사람 사이의 관계에도 부정적인 영향을 미친다. 타인들이 그 자체로 가치 있으며, 우리가 도덕적으로 의무를 다해야 하는 존재가 아니라 개인의 성공을 위해 이용되는 도구로 전락하기 때문이다. 하지만 항상 부정적으로 세상을 보며, 한결같이 '아니요'라고 답하고, 노상 감정을 억누르는 것도 물론 어리석다.

사실 내 관점은 꽤 실용주의적이다. 항상 100퍼센트 좋은 것은 없다. 보편적이고 자명하며 (예를 들면 의무 다하기)[1]

같은) 퍽 추상적인 생각들을 제외하면 인생철학이나 윤리 사상에 관한 한 절대 진리 같은 것은 아마 없을 것이다. 사상은 삶의 문제를 풀기 위해 개발된 도구다. 이것이 바로 실용주의pragmatism의 핵심이다. 문제가 달라지면 문제를 풀기 위해 사용되는 지적 도구도 달라져야 한다.[2] 이 책은 지난 50년 동안 삶과 관련된 문제들이 '달라졌다'는 데서 출발한다. 예전에는 지나치게 경직된 삶이 근본적인 문제였다. 곧, 안정성이 유동성보다 찬양되었다. 그런데 이제는 융통성이 지나치다. 4장에서 우리는 과거의 (우리가 깨서는 안 될 규칙을 중심으로 도덕성이 결정되는) '금기 문화'와 요즘 (기본적인 시대정신이 개발과 변화, 유연성을 요구하는) '명령 문화'의 차이를 살펴봤다. 예전에는 너무 많이 '원하는' 것이 문제였다. 그러나 요즘에는 더 많이, 더 많이, 더 많이 하라고 끊임없이 우리에게 요구하는 사회에서 우리가 결코 충분히 '하지' 못한다는 것이 문제다.

경제학자들과 환경주의자들은 '성장의 한계'가 있는지 자주 토론한다. 사람과 심리 문제도 마찬가지다. 사람에게 좋은 성장과 계발에도 한계가 있는가? 물론 내 대답은 '그렇다'이다. 고삐 풀린 성장 철학이 도처에 퍼진 시대이다 보니 나는 (개발과 긍정과 관련된 모든 것에 상반된 대안을 들이대는) 부정적 태도를 제시할 수밖에 없었다. 무엇보다 현대 사회에서는 의심이 정당하며 꼭 필요한 미덕이라는 사실을 강조하고 싶었다. 자기가 삶의 초점이 될 수 있는지, 되어야 하는지에 대한 의심. 자기계발이 그 자체로 좋은 것인지에 대한 의심. 현재 도처에 퍼진 성장 이데올로기가 사람들에게 좋은지에 대한 의심.

물론 의심이 진짜 미덕이라는 사실을 받아들인다면 이 책에서 제시한 7가지 조언도 의심해보아야 한다. 이 책을 쓰는 동안 품었던 주요 의심은 이 책이 제시하는 비판적 대안이 스스로 비판하는 개인주의적 전제를 암묵적으로 받아들이는 게 아닌가 하는 점이었다. 사람들에게 이 책이 제시하는 7가지 처방을 따르라고 설득함으로써 안 그래도 무거운 어깨에 부담을 하나 더하는 게 아닐까 하는 걱정도 들었다. 근거 없는 걱정은 아니지만 이 책이 자기계발 열풍의 논리를 뒤집음으로써 그 논리가 얼마나 어처구니없는지를 뚜렷이 보여줄 수 있기를 바란다. 긍정적 사고나 부정적 사고만으로는 우리 세상이 직면한 큰 문제들을 풀지 못하리라는 것은 분명하다. 그럼에도 스토아 철학의 성찰이 폭주하는 소비주의와 강요된 개발의 시대에 우리의 정신을 확 깨우는 상쾌한 회복제가 되리라 믿는다. 그러나 치료에 빗대어 말하자면 이는 겉으로 드러난 증상을 다루는 것에 불과하다. 전 지구적 환경 파괴와 경제 위기 등 오늘의 주요 질병과 그와 관련된 성장 패러다임을 치유하려면 정치와 경제적인 차원에서의 논의와 행동이 필요하다. 이 책이 더 큰 논의의 매우 작은 부분으로 독자들에게 도움이 되길 바란다.

Stand Firm

부록

옮긴이의 글

본문의 주

스토아
철학

이 책은 로마의 스토아 철학을 자주 언급한다. 몇몇 부분에서 마르쿠스 아우렐리우스와 에픽테토스, 세네카의 명징한 스토아 사상을 보여줄 만한 중요한 사례를 들었다. (이 철학자들을 내가 무척 존경하긴 하지만) 스토아 철학을 대하는 내 관점이 지극히 실용주의적이라는 것을 지금쯤 독자가 이해했기를 바란다. 달리 말해 나는 스토아 철학이 어느 시대에든 어느 곳에서든 합당한 절대적 '진리'냐는 질문은 의미가 없다고 생각한다. 그보다는 우리가 살아가는 이 시대에 부딪히는 문제들을 고민할 때 '유용'한지를 생각해야 한다. 나는 스토아 철학이 '안티-자기계발 철학'으로서 유용하다고 생각한다. 스토아 철학이 자기통제, 의무감, 고결함, 존엄, 평정심, (자기를 발견하는 삶이 아니라) 자신과 화해하는 삶을 강조하는 특성이 있기 때문이다. 또한 몇몇 스토아 철학자들이 앞서도 언급했던 부정적 시각화(우리가 가진 것을 잃는다고 상상해보기)와 투사적 시각화(자신에게 일어난 일이 다른 사람에게 일어났다고 상상함으로써 상황을 침착하게 바라보기) 같은 기법을 통해 철학을 일상에 적용하려 했기 때문이다. 스토아 철학자들은 이성을 무척 중요하게 여겼고 삶에서 피할 수 없는 일들, 특히 삶은 유한하며 우리는 모두 죽게 되리라는 사실에 정면으로, 당당하게 맞설 때 삶의 깊은 즐거움을 얻을 수 있다고 믿었다.

원래 인간은 허약하다. 강하고 자립적인 개인들이 아니다. 힘없는 아이로 태어나 곧잘 아프기도 하고, 나이 들고, 다시 힘없는 존재가 되며 결국 모두 죽는다. 그것이 삶의 근원적 현실이다. 그러나 많은 서양 철학과 윤리는 우리의 허약함과 취약함을 모두 잊고 강하고 자율적인 개인을 전제한다.[1] 스토아 철학은 '메멘토 모리'라는 개념에 사람의 사회성과 의무를 연결한 지점에서 출발한다. 우리는 허약하고 유한한 존재이지만 '함께' 허약하고 유한하다. 이런 점을 깨닫고 나면 서로에게 연대의식이 생기고 우리처럼 허약하고 유한한 존재인 타인들을 사랑하게 된다. 나는 독자가 자신의 의무를 다하도록 돕기를 바라는 마음에서 이 책의 7단계 조언을 썼다. 사소한 것을 좇거나 사춘기에 정체성 위기를 겪는 것이 삶의 전부가 아니다(물론 인생의 특정 단계에는 이런 일이 적절할 때도 있다). 삶에서 중요한 것은 우리의 의무를 다하는 것이다. 스토아 철학은 내가 아는 다른 어느 철학보다 실제 행동을 무척 중요하게 여긴다는 점에서 유용하다. 이 책을 읽는 동안 독자들은 스토아 철학에 대한 흥미가 생겨 더 알고 싶어졌을 것이다. 그러니 중요한 스토아 철학자들과 그들의 사상을 간략히 소개하면서 이 책을 마치겠다.

그리스의 스토아 철학

그리스의 스토아 철학보다는 로마의 스토아 철학이 더 잘 알려져 있다. 이 책에서도 로마의 스토아 철학을 참고했지만 원래 스토아 철학은 고대 그리스에서 서로 경쟁하던 많은 철학 학파들 가운데 하나로 탄생했다. 당시 많은 철학

학파들은 플라톤과 아리스토텔레스가 만들어낸 기본적인 철학 체계를 다양한 방식으로 탐구하며 철학의 두 창시자가 주창했던 많은 생각을 정교하게 발전시키고 실용적인 인생철학으로 변화시켰다. 첫 번째 스토아 철학자는 키프로스 섬 키티온의 제논Zenon(기원전 333~261)으로 여겨진다. 제논은 키프로스 섬에서 배를 타고 출발했다가 난파를 당한 뒤 아테네로 왔고 우연히 테베의 크라테스Krates를 만났다. 크라테스는 키니코스학파(세속의 부와 권력을 거부하고 금욕적이고 자족적인 삶을 추구했던 학파로, 견유학파로도 불린다. 디오게네스가 대표적이다. 그리스어로 '개'라는 단어 '키노스'에서 유래한 명칭으로 냉소주의cynicism의 어원이기도 하다─옮긴이)에 속한다. 당시 냉소주의는 오늘날과는 완전히 의미가 달랐다. 그리스의 냉소주의 철학자들은 온갖 사치와 신분의 상징이 가득한 물질적 세상으로부터 벗어나려 했다. 그들은 자발적으로 가난하고 금욕적인 삶을 살며 세상을 떠돌았다. 키니코스학파 가운데 가장 유명한 사람은 시노페의 디오게네스Diogenes다. 그는 잘 알려진 대로 나무통에서 지내며 평범한 관습과 야망을 완전히 잊고 살았다.[2]

제논은 크라테스의 제자였지만 키니코스학파의 극단적인 금욕적 실천보다는 이론적 사상에 갈수록 흥미를 느꼈다. 그는 실용적인 '동시에' 이론적인 독특한 형태의 스토아 철학을 만들었다. '스토아Stoa학파'는 주랑柱廊을 뜻하는 그리스어 '스토이코스stoikos'에서 나온 말이다. 아테네의 스토아학파는 '채색 주랑'을 뜻하는 '스토아 포이킬레Stoa poikile'라 불리는 곳에서 만나고 사색했다. 그러니까 스토아라는 명칭은 도시 아테네의 장소를 따라 붙여진 이름이다. 스토아 철학은 키니코스학파의 금욕주의에서 나왔지만 이를 변화시켰다. 제논과 스토아 철학자들은 삶의 좋은 것들을 포기하지 않았다. 그들은 단지 어느 날 삶의 좋은 것들을 잃을 준비를 해야 한다고 말했을 뿐이다. 그러니까 좋은 음식을 먹고 편안한 집에서 사는 것은 그 자체로 나쁘지 않지만 좋은 음식과 편안한 집이 없어도 살 수 있어야 한다는 생각이다. 제논은 또한 윤리를 비롯해 실용적인 인생철학을 논리학과 (그 시절에는 우주론에 더 가까웠던) 자연과학 같은 더 이론적이고 과학적인 학문과 연결했다. 이 점은 스토아 철학이 이성적 존재로서의 인간에 관심을 두었다는 점을 강조한다. 그러니까 사람은 본능과 충동을 갖고 있지만 이성적으로 행동할 수 있는 존재라고 생각했다. 달리 말해 충동을 억누르고 본능을 다스리는 것이 현명한 일일 때마다 그렇게 할 수 있는 존재이다. 좋은 삶은 제논과 이후 스토아 철학자들의 스토아 철학의 궁극적 목적이었다. 그러나 그 시절의 '좋은 삶'은 요즘과는 무척 의미가 달랐다. 요즘에는 좋은 삶이란 으레 일종의 쾌락주의, 욕망의 철학, 긍정적이고 흥분되고 다양한 경험을 누리는 삶과 연결된다. 그리스의 스토아 철학자들에게 좋은 삶(그리스어로는 '에우다이모니아')은 '덕 있는' 삶, 윤리에 부합하는 삶을 사는 것과 훨씬 관련이 많다. 윤리에 부합하는 삶을 살 때 사람들은 진정한 의미에서 잘 살 수 있고 인간다운 삶을 살게 된다.

스토아 철학자들에게 '덕'은 성 관습과는 관련이 없다 (요즘 사람들이 들먹이는 케케묵은 표현인 '덕 있는 여자'의 '덕'과는 다르다). 오히려 덕은 사람들이 자기 본성과 조화를 이루며 살도록 해주는 특성들로 구성된다. 이런 의미에서 '덕'은 모든 생물, 사실상 기능이 있는 모든 것에 적용

된다. 칼의 덕은 자르는 것이다. 잘 자르는 칼은 좋은 칼이다. 심장의 덕은 몸 곳곳에 피를 펌프질하는 것이다. 펌프질을 잘 하는 심장은 좋은 심장이다. 마찬가지로 우리가 우리 본성대로 행동한다면 우리는 좋은 사람이다. 그런데 우리 본성이 뭘까? 스토아 철학자들은 플라톤과 아리스토텔레스의 의견을 따라 사람의 기능은 이성을 이용하는 것이라고 결론을 내린다. 스토아 철학은 이성이 인간을 다른 생물과 구분 짓는 고유한 특성이라는 믿음에 기반을 둔다. 우리는 논리적으로 생각하고 말하고 추론하고 사회적 거래를 위해 원칙 즉, 법을 만들 수 있다. 그래서 우리는 생물학적 충동과 거리를 두고 어느 정도는 그 충동을 억누른다. 우리가 아는 한 다른 어떤 동물도 그렇게 할 수 없다(사실 모든 사람도 똑같이 이 일을 해내지는 못한다). 그러나 덕을 실천함으로써 우리는 우리의 충동을 다스리고 심지어 스토아 현자가 되어 다른 사람들에게 모범이 될 수 있다. 스토아 철학자들은 우리에게 이성을 사용하는 능력이 있기 때문에 우리가 우리의 의무를 다할 수 있다고 보았다. 주어진 상황에서 도덕적으로 올바른 행동이 무엇인지 더 정확히 판단할 능력이 우리에게 있기 때문이다. 그 덕택에 우리는 이기적인 감정이나 본능 때문에 눈멀지 않는다. 따라서 이성은 이론적인 동시에 실용적이다. 이를테면 논리학이나 우주론 같은 학문에도 사용되지만 개인과 집단이 좋은 삶을 실천하는 일에도 쓰인다. 사람은 아리스토텔레스가 '조온 폴리티콘zoon politikon'이라 표현한 것처럼 이성적 동물이다. 달리 말해 법률과 같은 이성적인 사회질서를 만들어낼 수 있는 사회적 존재다.

제논이 죽자 아소스의 클레안테스Cleanthes(기원전 331~232)가 스토아학파를 이끌었다. 그 뒤에는 더 잘 알려진, 솔로이의 크리시포스Chrysippos(기원전 282~206)가 스토아학파를 이끌며 스토아 철학을 대중적인 인생철학으로 만들기 위해 노력했다. 크리시포스가 죽은 뒤 스토아 철학은 로마까지 파급되었다(기원전 140년 무렵). 로도스의 파나이티오스Panaitios(기원전 185~110)가 로마 스토아학파를 만들었고 한니발을 무찌른 소(小) 스키피오 아프리카누스 같은 유명한 로마인들과 친분을 쌓았다. 스토아 철학은 로마 사회 상류층의 많은 호감을 얻었다는 점에서 독특하다. 이

점은 물론 로마의 유명한 철학자-황제인 마르쿠스 아우렐리우스에 이르러 특히 두드러진다. 스토아 철학이 로마로 건너올 무렵 그리스의 스토아 철학자들은 덕의 중요성을 강조한 반면 마음의 평화는 부차적 관심사였다. 로마 스토아 철학자들 또한 덕에 몰두했고 사람들에게 의무를 다하라고 요구했지만 그러기 위해서는 마음의 평화가 필요하다고 생각했다. 마음의 평화 없이는 의무를 다할 수 없다. 따라서 마음의 평화는 덕을 이루는 디딤돌이 되었다.

스토아 철학이 로마로 전파되면서 일어난 또 다른 변화는 논리학과 자연과학에 대한 관심이 줄었다는 것이다. 그리스의 스토아 철학자들에게 세상은 질서정연한 단일체, 곧 코스모스cosmos였다. 철학적 관점에서 그들은 일원론자들이었다. 그러니까 모든 것이 근본적으로 똑같은 물질로 이루어졌다고 믿었다. 이런 믿음은 그들의 심리학, 곧 영혼의 본질에 대한 생각에도 적용된다. 이런 점에서 스토아 철학은 세상에는 본질적으로 다른 물질들이 있다는 생각(예를 들어 몸과 영혼이라는 이분법)을 폐기한 현대 과학과 비슷하다. 하지만 스토아 철학은 이 점에서 종종 모호

할 때가 있긴 하다. 한편, 현대 과학(내가 말하는 현대 과학은 17세기 초반 갈릴레오와 나중에 뉴턴 같은 사람들과 함께 등장한 과학적 세계관이다)은 스토아 철학과 어긋나는 점도 있다. 특히 사람에게는 본성에서 비롯된 목적이 있다는 스토아 철학의 입장은 현대과학과는 다르다. 현대 자연과학의 기계적 세계관은 목적과 의미, 가치라는 그리스 철학의 개념을 사실상 거부한다. 대신에 자연은 자연법칙에 정해진 대로 확실한 인과법칙을 따라 기능하는 기계적 체계로 여겨진다. 갈릴레오가 남긴 유명한 말에 따르면 "자연이라는 책은 수학의 언어로 쓰였다." 자연에 목적과 의미, 가치라는 게 '있다면' 원래는 그런 특성을 지니지 않은 자연에 대한 심리적 투사의 결과일 뿐이다. 사회학자 막스 베버Max Weber의 유명한 구절을 인용하자면 이런 자연과학의 발전은 '세상을 탈마법화'시킨 한편 인간의 정신은 '재마법화再魔法化'시켰다. 바로 이런 상황에서 현대의 우리는 윤리와 가치 같은 삶의 중요한 측면을 찾아야 한다. 그러나 치러야 할 대가도 있다. 윤리와 가치를 찾는 일이 주관적이며 심리적인 면에 치우치다 보니 내면의 중요성을 강조하게 되었고 내가 이 책에서 자아종교라 부른 현상이 일어났다. 그저 기계적인 시스템일 뿐인 '외부 세계'는 삶의 중요한 질문에 답해줄 수 없으므로 우리는 '내면세계'를 신성화하게 되었다.[3]

스토아 철학은 우리에게 수수께끼 같은 내면세계만이 아니라 세상을 '재마법화'할 기회를 주며, 우리 안에서 미친 듯이 답을 찾아야 할 필요를 없애준다. 물론 우리는 2,500년 전 고대 그리스의 우주론을 재탕할 수는 없다. '외부' 세계가 우리에게 어떤 길을 가리키는지 우리 스스로 이해해야 한다. 우리가 속한 전통과 사회적 관습, 그리고 관계들에서 생겨나는 의무를 들여다볼 때 삶의 의미와 가치를 찾을 수 있다는 것이 이 책의 요지다(이런 생각은 스토아 철학과 비슷하다). 그러나 그러기 위해서 내면과 자기탐색에 절박하게 매달리는 대신 삶에 이미 존재하는 관계들과 더 적절하고 의미 있게 연결되는 법을 배워야 한다. 이런 성찰 속에서 우리의 의무를 다하고, 평화로운 마음으로 (스토아 철학자들이 말하는) 덕 있는 삶을 살며, 더 나아가 모든 것이 이치에 맞게 이루어진다는 안정감을 느낄 수 있을 것이다.

이제 스토아 철학 이야기로 다시 돌아가서 스토아 철학
이 로마에 도착했을 때 무슨 일이 일어났는지 살펴보자.

로마의 스토아 철학

많은 철학자와 철학사가 들은 세네카와 에픽테토스, 마르
쿠스 아우렐리우스를 로마의 핵심적인 스토아 철학자로
여긴다. 세네카는 그들 가운데 가장 뛰어난 작가일 것이다.
그는 기원전 4세기에 에스파냐의 코르도바에서 태어나서
로마에서 대단히 성공한 사업가가 되었고 원로원 의원으
로도 활약했다. 아마 그토록 부유했기 때문에 나중에 네로
황제의 고문관으로 임명될 수 있었을 것이다. 기원전 41년
당시 드물지 않던 정치 음모에 휘말린 그는 클라우디우스
황제의 조카딸과 간통했다는 (아마 허위였을) 혐의로 재산
을 몰수당하고 코르시카로 추방되었다. 코르시카에서 세
네카는 철학에 몰두하며 스토아 사상을 발전시켰다. 그는
8년 뒤 사면되어 로마로 돌아왔고 네로의 스승이자 나중
에는 고문관이 되었다. 그러나 서기 65년, 세네카가 음모

를 꾸민다고 생각한 네로의 명령으로 세네카는 자살했다. 소크라테스의 죽음을 제외하면 세네카의 죽음은 아마 철학사에서 가장 기이한 죽음일 것이다. 처음에 그는 손목을 그었고 그다음에는 독약을 마셨지만 죽지 않았다고 한다. 결국 친구들이 그를 증기실로 옮기자 질식해서 마침내 유한한 삶의 허물을 벗고 떠났다.

세네카의 글은 유난히 실용적이며 간단명료하다. 주로 친구와 지인들에게 보낸 편지로 구성돼 있으며 삶을 어떻게 살아야 하는지 조언하고 가르친다. 그리고 항상 인생의 덧없음을 성찰한다. 요즘 독자가 세네카에게 이 짧은 인생을 최대한 즐기는 법이 무엇이냐고 묻는다면 세네카는 할 수 있는 한 많이 경험하려 들지 말고 마음의 평화를 유지하며 고요한 삶을 살고 자신의 부정적 감정을 통제하라고 답할 것이다. 세네카의 글은 그와 거의 같은 시대를 살았던 나사렛 예수의 설교를 떠오르게 하는 인간관을 보여준다. 따라서 세네카의 사상이 종종 기독교의 교리와 비교되는 것은 당연하다(물론 기독교의 형이상학적 측면은 없지만). 이를테면 세네카는 이렇게 썼다. "사람들에게 화내는 일을 피하려면 집단 전체를 용서해야 한다. 인류 전체를 용서해야 한다."[4]

에픽테토스는 서기 55년에 노예로 태어났다. 그는 황제의 서기관이 부리던 노예였고 그래서 궁중의 지적 분위기를 접했을 것이다. 네로 황제가 죽은 뒤 에픽테토스는 자유를 얻었다. 당시 교육받고, 똑똑한 노예들에게 아주 드문 일은 아니었다. 그는 로마를 떠나 그리스 서부의 니코폴리스에 철학 학교를 세웠다. 어빈에 따르면 에픽테토스는 학교를 찾아온 학생들이 학교를 떠날 때는 의사를 찾아갔다가 나쁜 소식을 들은 사람들처럼 기분이 나쁘기를 바랐다고 한다.[5] 스토아 철학을 접하고 삶의 찰나성을 성찰하는 법을 배우는 일은 소풍과는 거리가 멀다! 세네카처럼 에픽테토스도 인생철학을 다룬 글을 매우 실용적으로 썼다. 그는 모욕을 당한 일부터 무능한 노예에 이르기까지 온갖 상황을 묘사하고 그 상황을 어떻게 다룰지 조언한다. 다른 스토아 철학자들과 마찬가지로 그는 어려운 시기에도 평정심과 존엄을 지키라고 충고한다. 이런 삶은 인간 본성의 본질적 요소인 이성을 토대로 삶을 살려고 노력할 때 가능하다. 예를 들어 에픽테토스는 우리가 통제할 수 있는 것과 할 수 없는 것을 구분하는 데 이성을 적용했다. 본질적으로 우리는 통제할 수 없는 날씨, 경제파동, 죽음에 대비해야 하지만 그것을 걱정하거나 두려워하는 것은 시간 낭비다. 또한 우리가 할 수 있는 일, 이를테면 더 관대한 사람이 되는 일은 적극적으로 실천할 수 있게 스스로를 단련해야 한다. 통제할 수 있는 것과 없는 것을 구분하는 데는 약간의 이성만 있으면 된다.

마르쿠스 아우렐리우스(서기 121~180)는 철학자이자 황제로 알려져 있다. 그는 어린 시절부터 철학과 지적 활동에 관심이 있었다. 어른이 되어서도 이런 관심을 잃지 않았고 종종 생각하고 글을 쓰며 시간을 보냈다. 심지어 로마제국의 변방까지 원정을 나갔을 때도 그러했다. 아우렐리우스는 로마 역사상 가장 인간적인 황제 가운데 하나였다. 대부분의 다른 황제들과는 달리 그는 사익에 관심이 없었고 정치활동에 국고를 낭비하지 않았다. 이를테면 전쟁을 지원하기 위해서 세금을 올리기보다는 황실 재산을 팔아 충당했다. 로마의 역사가 카시우스 디오Cassius Dio에 따르면 아우렐리우스는 안토니우스 피우스 황제의 고문관으로 정치에 입문했던 초기 시절부터 줄곧 변함이 없었다. 달리 말해 그는 자신의 고결함을 토대로 단단히 서서 선과 악에 대한 자신의 생각에 따라 변함없이 삶을 이끌었다. 아우렐리우스는 서기 180년 병으로 세상을 떠났다. 로마의 시민과 병사들 모두 그의 죽음을 애도했다. 그러나 아우렐리우스의 삶과 죽음 때문에 스토아 철학에 대한 관심이 로마에서 크게 자라지는 않았다. 그는 자신의 인생철학을 주로 혼자 간직하고 있었다. 그의 가장 유명한 작품인 『명상록』은 '자신에게To Himself'라는 제목으로도 불리며 그가 죽은 뒤에야 발표되었다.

엄밀한 의미에서 스토아 철학자는 아니지만 이 책에서 언급할 만한 로마인이 또 한 사람 있다. 로마의 문학과 사상을 말할 때 우리는 키케로(기원전 106~143)를 빼놓을 수 없다. 키케로는 정치인이었고 율리우스 카이사르의 죽음과 관련된 폭력적인 사건에도 휘말렸다. 키케로는 카이사르가 죽은 뒤 집권한 마르쿠스 안토니우스에 반대하다가 목숨을 잃었다. 키케로는 편지를 비롯한 다른 글에서 스토아 철학자들을 '친구들'이라 불렀고 철학이란 잘 죽는 일을 연습하는 것이라는 소크라테스의 말을 인용했다. 키케로가 주로 다룬 주제는 좋은 삶과 좋은 죽음이었지만 그는 또한 공공선public good에도 관심이 있었다. 그의 걸작은 아마 『의무론De Officiis』일 것이다. 『의무론』에서 그는 '사람은 이성적인 정치적 동물'이라는 아리스토텔레스의 개념을 토대로, 어떤 의무가 사람답게 사는 일과 특히 관계가 있는지 묻는다. 역사상 가장 훌륭한 정치적 글이 어떤 것인지 알고 싶다면 키케로가 죽음의 공포와 우정, 의무를 비롯한 주제에 대해 쓴 편지와 연설을 모은 『삶과 좋은 죽음에 대하여On Living and Dying Well』를 추천한다.[6]

현대에 이르러 실용적 철학으로서 스토아 철학을 가장 예리하게 분석한 사람 가운데 하나가 철학사가 피에르 아도Pierre Hadot다. 그는 여러 다양한 형태로 등장했던 스토아 철학의 주요 주제를 요약하려 했고 결국 다음과 같은 네 가지 핵심에 도달했다.

1. 모든 존재가 혼자가 아니라는 인식(우리 모두는 더 큰 전

체인 우주의 일부다).

2. 모든 악은 도덕적 악이다. 그러므로 순수한 도덕의식이 중요하다.

3. 사람의 절대적 가치에 대한 믿음(여기에서 인권이라는 개념이 유래했다).

4. 현재 순간의 강조(우리가 처음이자 마지막으로 세상을 보는 것처럼 살아라).[7]

아도가 제시한 네 가지 핵심을 중심으로 이 책이 스토아 철학을 어떻게 선택적으로 적용했는지 살펴보자. 처음 세 가지 핵심은 많은 면에서 (고유한 가치를 지닌, 합리적 이성적 존재임을 강조한다는 점에서) 이 책의 인간관을 요약하기도 한다.

반면에 이 책은 현재를 강조하는 스토아 철학의 특성을 끌어오지 않았고 오히려 간접적으로 비판했다. 나는 사람이 주로 현재에 산다고 믿지 않는다. 오히려 우리는 더 길고 지속적인 시간을 산다고 믿는다. 현재를 강조하고, 한 개인이 '지금' 일어나는 일에 어떻게 영향을 받을지 스스로 결정할 수 있다는 생각은 요즘의 자기계발 풍조와 무척 닮았다("당신은 '지금' 행복하기를 선택할 수 있습니다!").

내가 보기에 이런 생각은 한 개인에게 너무 많은 책임을 지운다. 나는 우리가 현재에 어떻게 영향을 받을지 자유롭게 선택할 수 있다고는 생각하지 않는다. 스토아 철학의 이상이 그런 사람이 되는 것이라면 나는 이 점에서만큼은 스토아 철학에 이의를 제기하고 싶다. 스토아 철학자가 생각하는 것보다 우리는 훨씬 더 무능하다. 우리가 허약하다는 사실에 대한 깨달음. 그것이 사람과 사람 사이 연대의식의 근원이 될 수 있다.

이 책은 스토아 철학을 무비판적으로 옹호하지는 않지만 개발을 위한 개발에 미친 듯이 매달리며 개발을 강요하는 시대의 흐름에 불편을 느끼는 사람들에게는 2천 년도 더 전에 살았던 사상가들이 우리에게 단단히 서 있는 법을 가르쳐줄 만한 유용하고 깊이 있는 철학을 발전시켰다는 사실에 힘을 얻을 것이다. 스토아 철학 같은 전통이 있다는 것을 깨닫는 것만으로도 고속화 문화의 삶에 더 잘 대처할 수 있다. 언제나 긍정하고, 쉼 없이 자기를 계발하고, 진정한 자아를 찾으라는 시대정신에 말대꾸할 (우리에게 가장 좋은 것은 의무감과 마음의 평화, 존엄이라는) 대안이 있다는 사실만으로도 위안이 된다. 나는 21세기에 인간 중심의 스토아 철학적 관점이 부활하리라 믿는다. 우리가 그 어느 때보다 단단히, 함께 서 있는 법을 배워야 하기 때문이다.

우리가 자기계발과
맞바꾼 것들

"긍정적으로 생각해"라는 말에 불편함을 느껴본 적 있는가? "그럴 시간에 자기계발이나 해!"라는 말에 말문이 막혀본 적은? "마음은 어떤 장애도 극복할 수 있다. 나는 부정적인 것은 절대 생각하지 않는다!"(도널드 트럼프의 말이다) 같은 말은? 이런 말을 듣고 뭐라고 콕 집어 말하지는 못해도 불편한 감정을 느꼈다면 이 책을 읽는 동안 유쾌하고 든든한 지원군을 만난 느낌, 속이 시원해지는 느낌이 들 것이다.

덴마크의 심리학자 스벤 브링크만이 쓴 이 책의 덴마크어 원제는 '굳건히 서다: 계발 강요와의 결전'이다(이 책은 영어판을 우리말로 옮긴 것이다). 올해 영국왕립예술협회RSA

초청강연에서 브링크만은 우리 안에 우리가 찾고 실현하고 계발해야 할 '자기'라는 것이 있다는 통념이 우리 삶에 미치는 영향에 대해 지난 여러 해 동안 학술서와 논문을 쓰고 엮었지만, 아무도 읽지 않는 심각한 글을 쓰는 일에 지쳐서 이 책을 쓰기 시작했다고 밝혔다. 자기계발서를 패러디해서 자기계발적 사고의 폐해를 드러내는 이 책은 그의 의도대로 진지하면서 유쾌한, 심각하지 않은 책이다. 덴마크 사회에서 큰 반향을 일으키며 널리 읽혔고 베스트셀러가 되었다. 덕분에 브링크만은 자기계발 산업과 긍정 심리학자들로부터 거센 비난 세례를 받는 한편, 유력한 사회 참여 지식인으로 주목받으며 덴마크공영방송이 수여하는 로젠크예르상(어려운 주제를 폭넓은 대중이 이해하기 쉽게 전달한 연구자나 문화계 인사에게 수여하는 상으로 상금과 더불어 6회에 걸친 라디오 강연 기회를 제공한다)을 수상하기도 했다. 이 책이 이렇게 많은 관심을 끈 것을 보면 세계에서 행복지수가 가장 높다는 덴마크에서도 자기계발적 사고에 대한 피로감과 문제의식이 적지 않은가 보다.

그런데 브링크만은 왜 '계발 강요와의 결전'을 자청하고 나섰을까? 브링크만은 "자기를 찾고 계발하라"는 권유가 오히려 존엄한 삶을 방해한다고 말한다. '자기'를 찾고 계발하고(또는 힐링하고) 실현해야 한다는 강박이 자기 안에 매몰된 좁은 세계관을 낳을 뿐 아니라, 모든 판단의 기준을 자기로 삼는 오만과 모든 문제의 근원을 자기에게 돌리는 자책을 불러오기 때문이다. 자기 내면의 소리를 따라서 긍정적, 열정적으로 "예스!"라고 외치며 달려들기만 한다면 무엇이든 이룰 수 있고, 무엇을 이뤄도 괜찮다는 생각은 중요한 사회, 정치, 경제 문제를 개인의 열정과 긍정성 문제로 축소할 위험이 있다고 그는 지적한다. 그리고 그렇게 자기계발에 매달리는 과정에서 우리의 삶은 일련의 '프로젝트'가 되고 관계는 '도구화'된다.

그러면 어떻게 '계발 강요'에 맞서서 삶다운 삶을 살 수 있을까? 브링크만은 자기계발서의 흔한 조언들을 재치 있게 비튼 7가지 조언을 제시한다. '자기 탐색은 이제 그만하라,' '삶의 부정적인 면을 보라,' '"아니요"라고 말하라,' '감정을 억제하라,' '코치와 헤어져라,' '자기계발서 대신 소설을 읽어라,' '과거에 집착하라'가 그가 제안하는 방법이다.

뼈있는 농담 같은 그의 조언을 읽어가다 보면 우리 문화에 알게 모르게 스며든 자기계발적 사고들이 우리를 어떤 사람으로 살게(또는 살지 못하게) 하는지 생각하게 된다. "자기를 찾고 계발하라"는 명령이 우리 삶을, 우리와 타인의 관계를, 우리와 자신의 관계를 어떻게 만드는지, 자기계발에 정신을 파느라 우리가 보지 못하는 것, 하지 못하는 것, 생각하지 못하는 것이 무엇인지 다시 생각해보게 된다.

물론 브링크만이 인정한 대로 이 책이 제시하는 조언만으로는 우리 시대가 직면한 온갖 문제를 해결하지는 못한다. 그의 말대로 사회와 제도의 문제를 해결하려면 집단적 해결책과 정치적 행동이 필요할 테니 말이다. 하지만이 책을 읽고 나면 적어도 자기계발 같은 것은 안 하고도 떳떳하게 잘 살 수 있다는, 오히려 더 좋은 삶을 살 수 있다는 자신감은 얻을 수 있을 것이다. "그럴 시간에 자기계발을 하라"고 채근하는 말에 "자기계발에 삶을 쓸 시간에 _____하겠다"라고 답할 수는 있을 것이다. 빈 칸을 채우는 것은 독자의 몫이다.

책머리에 | 불완전한 인간으로 존엄하게 살기

1. 자기계발 분야에 대한 내 관심은 10년 전 세실리 에릭슨Cecilie Eriksen 과 함께 비평서 『Self-realisation: Critical Discussion of a Limitless Development Culture(자아실현: 끝없는 계발 문화의 비판적 검토)』(Klim, 2005)를 편집할 때 시작되었다.

프롤로그 | 추월차선을 달리는 삶

1. 이 은유를 처음 쓴 사람은 사회학자 지그문트 바우만Zygmunt Bauman 이다. 그의 책 『Liquid Modernity』(Polity, 2000)/『액체근대』(강, 2009)를 비 롯해 사랑과 공포, 문화, 삶을 '액체'라는 개념의 관점에서 분석한 여러 저 서를 참고하라.

2. 나는 이 문제를 《Theory & Psychology》, 18(2008), pp. 405-23에 실린 〈Identity as Self-Interpretation(자기 해석으로의 정체성)〉에서 분석했다.

3. 이 점은 사회학자 하르무트 로자Hartmut Rosa가 『Alienation and Acceleration: Towards a Critical Theory of Late Modern Temporality(소

외와 가속화: 후기 근대 시간성에 대한 비판이론을 향해)』(NSU Press, 2010)와 『Social Acceleration: A New Theory of Modernity(사회적 가속: 새로운 근대성 이론)』(Columbia University Press, 2015)에서 논증했다.

4. 덴마크 사회학자 아네르스 페테르센Anders Petersen은 이 점을 여러 차례 묘사했다. 《International Sociology》, 26(2011), pp. 5-24에 실린 〈Authentic Self-realization and Depression(진정한 자아실현과 우울)〉을 참고하라.

5. 순수한 관계라는 개념은 앤서니 기든스Anthony Giddens가 『Modernity and Self-Identity: Self and Society in the Late Modern Age』(Routledge, 1996)/『현대성과 자아정체성』(새물결, 2010)에서 제시했다.

6. 이 주제는 내가 편집한 『Det diagnosticerede liv – sygdom uden grænser(진단된 삶: 경계 없는 질병)』(Klim, 2010)에서 깊이 있게 다루었다.

7. 지그문트 바우만의 『Liquid Times: Living in an Age of Uncertainty』(Polity Press, 2007)/『모두스 비벤디: 유동하는 세계의 지옥과 유토피아』(후마니타스, 2010)에서 p. 84를 보라.

8. 칼 세데르스트룀Carl Cederström과 앙드레 스파이서André Spicer의 책 『The Wellness Syndrome』(Polity Press, 2015)/『건강 신드롬』(민들레, 2016)을 보라.

9. 스토아 철학의 실용적 면을 강조한 읽기 쉬운 입문서로는 윌리엄 B. 어빈William B. Irvine의 『A Guide to the Good Life: The Ancient Art of Stoic Joy』(Oxford University Press, 2009)/『직언: 죽은 철학자들의 살아 있는 쓴소리』(토네이도, 2012)를 보라.

1장 | 멈추다

1. http://www.telegraph.co.uk/finance/businessclub/management-advice/10874799/Gut-feeling-still-king-in-business-decisions.html

2. http://www.femina.dk/sundhed/selvudvikling/5-trin-til-finde-din-mavefornemmelse

3. 《American Psychologist》, 45(1990), pp. 599-611에 실린 필립 쿠시먼 Philip Cushman의 글 〈Why the Self is Empty(왜 자아는 텅 비었는가)〉를 참고하라.

4. 쇠렌 키르케고르Søren Kierkegaard, 『Either/Or』, 2부(Gyldendals Books Club, 1995)/『이것이냐 저것이냐』(치우, 2012), p. 173를 참고하라.

5. 아서 바스키Arthur Barsky 박사가 《New England Journal of Medicine》, 318(1988), pp. 414-18에 실린 〈The Paradox of Health(건강의 역설)〉에서 분석했다.

6. http://www.information.dk/498463을 보라.

7. 악셀 호네트Axel Honneth는 《European Journal of Social Theory》, 7(2004), pp. 463-78에 실린 〈Organized Self-realization(조직된 자아실현)〉 을 비롯한 몇몇 글에서 이를 제기했다.

8. 이런 경향에 대한 분석은 뤼크 볼탕스키Luc Boltanski와 에브 쉬아펠로 Eve Chiapello의 『The New Spirit of Capitalism(자본주의의 새로운 정신)』 (Verso, 2005)을 보라.

9. 리처드 세넷Richard Sennett은 이 점을 여러 책에서 입증했다. 가장 잘 알려진 책으로는 『The Corrosion of Character: The Personal Consequences of Work in the New Capitalism』(W. W. Norton & Company, 1998)/『신자유주의와 인간성의 파괴』(문예출판사, 2002)가 있다. 모순을 만들어내는 자본주의의 본질은 마틴 하르트만Martin Hartmann 과 악셀 호네트가 《Constellation》, 13(2006), pp. 41-58에 실린〈Paradoxes of Capitalism(자본주의의 모순)〉에서 분석했다.

10. 장 자크 루소Jean Jacques Rousseau, 『Confessions』(1782)/『고백록1, 2』 (나남, 2012).

11. 윌리엄 B. 어빈의 『A Guide to the Good Life: The Ancient Art of Stoic

Joy』(Oxford University Press, 2009)/『직언: 죽은 철학자들의 살아 있는 쓴 소리』(토네이도, 2012)에서 특히 7장을 보라.

2장 | 바라보다

1. 《Journal of Clinical Psychology》, 58(2002), pp. 965-92에 실린 〈The Tyranny of the Positive Attitude in America: Observation and Speculation(미국에서 긍정적 태도의 독재: 관찰과 고찰)〉을 예로 들 수 있다.

2. 이 점은 예를 들어 바버라 에런라이크Barbara Ehrenreich의 책 『Bright-sided: How the Relentless Promotion of Positive Thinking has Undermined America』(Metropolitan Books, 2009)/『긍정의 배신: 긍정적 사고는 어떻게 우리의 발등을 찍는가』(부키, 2011)에서 다루어지고 비판되었다.

3. 그의 흥미로운 게시물은 http://www.madinamerica.com/2013/12/10-ways-mental-health-professionals-increase-misery-suffering-people 에서 볼 수 있다.

4. 나는 시몬 뇌르뷔Simon Nørby와 아네르스 뮈사크Anders Myszak가 편찬한 『Positiv psykologi-en introduktion til videnskaben om velvære og optimale processer(긍정 심리학: 웰빙과 최적과정의 과학)』(Hans Reitzels, 2008)에 실린 〈Den positive psykologis filosofi: Historik og kritik(긍정 심리학의 철학: 역사와 비평)〉에서 긍정 심리학을 훨씬 자세히 다루었다. 마틴 셀리그만Martin Seligman의 가장 유명한 책은 『Authentic Happiness』(2002)/『마틴 셀리그만의 긍정 심리학』(물푸레, 2014)이다.

5. 라스뮈스 빌리Rasmus Willig의 『Kritikkens U-vending(비판의 유턴)』(Hans Reitzels, 2013)을 보라.

6. 일간지 《Berlingske Tidende》에 실린 이 글은 온라인에서도 덴마크어로 볼 수 있다. http://www.b.dk/personlig-udvikling/positiv-psykologi-

er-ikke-altid-lykken

7. http://www.laderweb.dk/Personale/Medarbejdersamtaler-MUS/
   Artikel/79932/Vardsattende-medarbejderudviklingssamtaler에서 옮김.

8. 바버라 헬드Barbara Held, 『Stop Smiling, Start Kvetching(미소 끝, 불평 시
   작)』(St Martin's Griffin, 2001).

9. 인용은 이레네 오스트리크Irene Oestrich의 자기계발서 『Bedre selvvœrd:
   10 trin til at styrke din indre GPS(자존감 높이기: 내면의 GPS를 강화하는
   10단계)』(Politiken, 2013)에서 옮겼다.

10. 윌리엄 B. 어빈, 『A Guide to the Good Life: The Ancient Art of Stoic
    Joy』(Oxford University Press, 2009)/『직언: 죽은 철학자들의 살아 있는 쓴
    소리』(토네이도, 2012)의 p. 69를 보라.

11. 세네카Seneca, 『인생철학Livsfilosofi』(모겐스 힌스베르게르Mogens
    Hindsberger가 엮은 세네카의 도덕 서한 선집)(Gyldendal, 1980), p. 64.

12. 이 문제는 올리버 버크먼Oliver Burkeman이 『The Antidote: Happiness
    for People Who Can't Stand Positive Thinking』(Canongate, 2012)/『합리
    적 행복: 불행 또한 인생이다』(생각연구소, 2013)에서 다루었다.

13. 사이먼 크리츨리Simon Critchley의 『How to Stop Living and Start
    Worrying(삶을 멈추고 걱정을 시작하는 법)』(Polity Press, 2010), p. 52에서
    인용.

3장 | 거절하다

1. 페르 슐츠 요르겐센Per Schultz Jorgensen, 『Styrk dit barns karakter-et
   forsvar for børn, barndom og karakterdannelse(아이의 인격을 키워라: 어
   린이와 어린 시절, 인격형성을 옹호함)』(Kristelight Dagblads Forlag, 2014), p.
   75.

2. http://www.toddhenry.com/living/learning-to-say-yes

3. 아네르스 포그 옌센Anders Fogh Jensen, 『Projektsamfundet(프로젝트 사회)』(Aarhus University Press, 2009).

4. 사이먼 크리츨리의 『삶을 멈추고 걱정을 시작하는 법How to Stop Living and Start Worrying』(Polity Press, 2010), p. 34..

5. 닐스 크리스티Nils Christie의 『Small Words for Big Questions(인생의 큰 질문을 위한 작은 말들)』(Mindspace, 2012), p. 45. 이 멋진 작은 책을 내게 알려준 앨란 홈그렌Allan Holmgren에게 감사한다.

6. 예를 들면 리처드 로티Richard Rorty의 『Contingency, Irony and Solidarity』(Cambridge University Press, 1989)/『우연성 아이러니 연대성』(민음사, 1996)에서 이런 생각을 볼 수 있다.

7. 한나 아렌트Hannah Arendt, 『The Human Condition』(University of Chicago Press, 1998)/『인간의 조건』(한길사, 1996), p. 279.

4장 | 참다

1. 이는 쇠렌 키르케고르가 다루는 주요 주제다. 예를 들어 『죽음에 이르는 병』에서 자아는 자기 자신과 맺는 관계로 정의된다. 나는 노르웨이 심리학자 올레 야코브 마센Ole Jacob Madsen과 함께 창세기 이야기 속에 숨은 심리학을 《Cultural Studies ↔ Critical Methodologies》, 12(2012), pp. 459-67에 실린 〈Lost in Paradise: Paradise Hotel and the Showcase of Shamelessness(낙원에서 길을 잃다: 파라다이스 호텔과 뻔뻔함의 쇼케이스)〉에서 설명했다.

2 좋은 참고 자료는 지그문트 바우만의 『Liquid Times: Living in an Age of Uncertainty』(Polity Press, 2007)/『모두스 비벤디: 유동하는 세계의 지옥과 유토피아』(후마니타스, 2010)다.

3. http://coach.dk/indlaeg-om-coaching-og-personlig-udvikling/lever-du-et-passioneret-liv/350

4. 이 주제를 다룬 에바 일루즈Eva Illouz의 책은 『Cold Intimacies: The Making of Emotional Capitalism』(Polity Press, 2007)/『감정 자본주의: 자본은 감정을 어떻게 활용하는가』(돌베개, 2007)이다.

5. 앨리 러셀 혹실드Arlie Russell Hochschild는 이런 감정노동을 『The Managed Heart: Commercialization of Human Feeling』(University of California Press, 1983)/『감정노동: 노동은 우리의 감정을 어떻게 상품으로 만드는가』(이매진, 2009)에서 묘사했다.

6. 리처드 세넷, 『The Fall of Public Man(공적 인간의 몰락)』(Penguin, 2003, 초판 발행은 1997).

7. E 하버그E. Harburg 외, 《Psychosomatic Medicine》, 65(2003), pp. 588-97에 실린 〈Expressive/Suppressive Anger Coping Responses, Gender, and Types of Mortality: A 17-Year Follow-Up(표현적/억압적 분노 대처 반응과 성, 도덕성의 형태: 17년 추적 연구)〉.

8. C. H. 소머스C. H. Sommers와 S. 사텔S. Satel, 『One Nation Under Therapy: How the Helping Culture is Eroding Self-Reliance(치료 아래 하나된 국가: 치료 문화는 어떻게 자립을 파괴하는가)』(St. Martin's Press, 2005), p. 7.

9. R. 바우마이스터R. Baumeister 외, 《Psychological Science in the Public Interest》, 4(2003), pp. 1-44에 실린 〈Does High Self-esteem Cause Better Performance, Interpersonal Success, Happiness, or Healthier Lifestyles?(높은 자존감이 더 나은 성과, 대인 관계의 성공, 행복, 더 건강한 라이프스타일을 낳는가?)〉를 보라.

10. 이 연구는 바버라 헬드의 『Stop Smiling, Start Kvetching(미소 끝, 불평 시작)』에서 논의되었다.

11. 세네카, 『Om Vrede, om mildhed, om sindsro(화에 대하여, 관대함에 대하여, 마음의 평화에 대하여)』(Gyndendal, 1975).

12. 이 예는 윌리엄 B. 어빈의 『A Guide to the Good Life: The Ancient Art of Stoic Joy』(Oxford University Press, 2009)/『직언: 죽은 철학자들의 살아 있

는 쓴소리』(토네이도, 2012), p. 79에서 언급되었다.

5장 | 홀로 서다

1. 이 분석은 내가 쓴 글 〈Coachificeringen ar tilværelsen(삶의 코칭화)〉, 《Dansk Pædagogisk Tidsskrift》, 3(2009), pp. 4-11을 토대로 한다.

2. 종교사회학들은 심리치료와 코칭, 뉴에이지 산업 같은 요즘 관행에서 자아를 신성화하는 것을 일컫기 위해 '신성화된 자아the sacralised self'라는 용어를 오랫동안 사용했다. 올레 야코브 마센Ole Jacob Madsen, 『Det er innover vi må gå(그리고 우리는 내면으로 가야 한다)』(Unicersitetsforlaget, 2014), p. 101을 보라.

3. 이는 직장생활을 예리하게 연구한 키르스텐 마리 보우베르Kirsten Marie Bovbjerg의 주요 주제 가운데 하나다. 〈Selvrealisering i arbejdslivet(직장에서의 자아실현)〉, 스벤 브링크만과 세실리 에릭센Cecilie Eriksen(편집), 『Self-realisation: Critical Discussion of a Limitless Development Culture(자아실현: 끝없는 계발 문화의 비판적 검토)』(Klim, 2005).

4. 《Berlingske Nyhedsmagasin》, 31(October, 2007)에 실린 글을 보라.

5. 라스뮈스 빌리의 『Kritikkens U-vending(비판의 유턴)』(Hans Reitzels, 2013)을 보라.

6. 긍정 심리학은 일종의 자발적 자선 행위인, 이른바 '임의의 친절random kindness'도 추천한다. 하지만 이런 임의의 친절을 베푸는 동기는 친절을 베푸는 사람의 기분을 좋게 만드는 것이다. 나는 친절을 베푸는 행동은 베푸는 사람의 기분에 관계없이 그 자체로 가치 있다고 주장하고 싶다. 우리는 우리 기분이 좋아지기 때문이 아니라 그것자체로 좋은 행동이기 때문에 좋은 행동을 해야 한다. 물론, 좋은 행동을 하고 난 뒤 기분이 좋아졌다면 나쁘지 않다.

6장 | 읽다

1. 찰스 테일러Charles Taylor, 『The Ethics of Authenticity(진정성의 윤리)』 (Harvard University Press, 1991), p. 15.

2. 몇몇 전기만 이런 범주에 들어간다는 것을 지적해야겠다. 모든 전기가 단선적이거나 사소하지는 않다. 사실 나는 전기와 자서전을 꽤 열심히 탐독하는 독자다. 하지만 장르의 관습을 무시하는 전기나 자서전이 좋다.

3. 올레 야코브 마셴의 『Optimizing the Self: Social Representations of Self-help(자아 최적화: 자기계발의 사회적 표상들)』(Routledge, 2015).

4. 토머스 H. 닐슨Thomas H. Nielsen, 〈En uendelig række af spejle—litteraturen og det meningsfulde liv(무한한 거울: 문학과 의미 있는 삶)〉, C Eriksen(편집), 『Det meningsfulde liv(의미 있는 삶)』(Aarhus Universitetsforlag, 2003)을 보라.

5. 얀 셰르스타Jan Kjærstad, 〈Når virkeligheden skifter form(현실이 변신할 때)〉, 《Information》(30 September 2011)을 보라.

6. 푸코 사후에 출간된 『Technologies of the Self』(Tavistock, 1988)/『자기의 테크놀로지』(동문선, 1997)을 보라.

7. 〈On the Genealogy of Ethics: An Overview of Work in Progress(윤리의 계보학에 대해)〉, P. Rabinow(편집) 『The Foucault Reader』(Penguin, 1984).

8. 우엘벡Houellebecq에 대한 의견은 〈Literature as Qualitative Inquiry: The Novelist as Researcher(질적 연구로서의 문학: 연구자로서의 소설가)〉, 《Qualitative Inquiry》, 15(2009), pp. 1376-94를 토대로 썼다.

9. 미셸 우엘벡Michel Houellebecq, 『Atomised』(Vintage, 2001)/『소립자』(열린책들, 2009), p. 252.

10. 휴버트 드레이퍼스Hubert Dreyfus와 숀 켈리Sean Kelly, 『All Things Shining: Reading the Western Classics to Find Meaning in a Secular Age』(Free Press, 2011)/『모든 것은 빛난다: 허무와 무기력의 시대, 서양 고전에서 삶의 의미 되찾기』(사월의책, 2013).

11. 오스카 와일드Oscar Wilde, 『The Complete Works』(Magpie, 1993), p. 32.

7장 | 돌아보다

1. http://www.ankerhus.dk/teori_u.html

2. 사이먼 크리츨리의 『삶을 멈추고 걱정을 시작하는 법How to Stop Living and Start Worrying』(Polity Press, 2010), p. 118.

3. 이런 기본적인 관점을 옹호한 자료로는 토마스 테울로브 로브Thomas Thaulov Raab와 페테르 룬 마센Peter Lund Madsen의 대중적인 과학책 『A Book About Memory(기억에 관한 책)』(FACL's Publishing, 2013)을 보라.

4. 덴마크에서 이런 관점은 내 동료 교수 레네 탕고르Lene Tanggard가 제기 했다.

5. 폴 리쾨르Paul Ricoeur, 『Oneself as Another』(University of Chicago Press, 1992) / 『타자로서 자기 자신』(동문선, 2006), p. 158를 보라.

6. 인용문은 알래스데어 매킨타이어Alasdair MacIntyre의 책 『Whose Justice? Which Rationality?(누구의 정의? 무슨 합리성?)』(University of Notre Dame Press, 1988), p. 12에서 인용했다.

7. 여기에 인용된 세네카의 글은 모두 『On the Shortness of Life(삶의 짧음에 대하여)』(Vindrose, 1996), p. 30에서 인용했다.

에필로그 | 흐름에 역행하는 용기

1. 이 책에서 나는 '의무 다하기doing your duty'라는 구절을 자주 쓰지만 그 개념을 정의하지는 않았다. 의무는 추상적이 아니라 늘 구체적이라고 생각하기 때문이다. 사람들은 다른 사람들과 맺는 구체적인 관계에 따라 의무를 지닌다. 우리는 어머니, 아버지, 관리자, 직원, 선생님, 학생 등에

게 해야 할 의무가 있다. K. E. 뢰그스트룹K. E. Løgstrup은 『Den etiske fordring(윤리적 요구)』에서 우리 자신이 아니라 다른 사람의 이익을 위해 그들에게 영향력을 행사해야 한다고 말한다. 뢰그스트룹이 쓴 '윤리적 요구'는 내가 이 책에서 쓰는 의무라는 개념과 가깝다. 둘 다 열려 있고 구체적인 개념이다. 『Den etiske fordring(윤리적 요구)』(Glyndendal, 1991, 초판 발행 1956)을 보라.

2. 내가 보기에 가장 흥미로운 실용주의 철학자는 존 듀이John Dewey다. 나는 『John Dewey : Science for a Changing World(존 듀이 : 변화하는 세상을 위한 과학)』(Transaction Publishers, 2013)을 비롯해 듀이에 관한 논문과 책을 여럿 썼다.

부록 | 스토아 철학

1. 이 문제는 알래스데어 매킨타이어가 『Dependent Rational Animals : Why Human Beings Need the Virtues(의존적인 이성적 동물 : 왜 인간은 덕을 필요로 하는가)』(Carus Publishing Company, 1999)에서 주로 다루는 주제다. 이 책에서 매킨타이어는 허약한 동물이라는 우리의 존재를 덕에 기반을 둔 윤리 체계의 핵심으로 여긴다.

2. 철학에 대한 역사적 고찰은 주로 윌리엄 B. 어빈의 『A Guide to the Good Life : The Ancient Art of Stoic Joy』(Oxford University Press, 2009)/『직언 : 죽은 철학자들의 살아 있는 쓴소리』(토네이도, 2012)를 참고했다.

3. 이 이야기는 찰스 테일러가 『Sources of the Self : The Making of the Modern Identity』(Cambridge University Press, 1989)/『자아의 원천들 : 현대적 정체성의 형성』(새물결, 2015)에서 잘 다루었다.

4. 세네카, 『Om Vrede, om mildhed, om sindsro(화에 대하여, 관대함에 대하여, 마음의 평화에 대하여)』(Gyndendal, 1975), p. 27.

5. 윌리엄 B. 어빈, 『A Guide to the Good Life : The Ancient Art of Stoic Joy』(Oxford University Press, 2009)/『직언 : 죽은 철학자들의 살아 있는 쓴

소리』(토네이도, 2012), p. 52.

6. 키케로Cicero, 『On Living and Dying Well(삶과 좋은 죽음에 대하여)』
   (Penguin Classics, 2012).

7. 피에르 아도Pierre Hadot, 『Philosophy as a Way of Life(삶의 방식으로서
   의 철학)』(Blackwell, 1995), p. 34.

시류에 휩쓸리지 않고 굳건히 서 있는 삶

스탠드펌

초판 1쇄 발행 2017년 5월 8일
초판 2쇄 발행 2017년 5월 18일

지은이 스벤 브링크만
옮긴이 강경이
펴낸이 김선식

경영총괄 김은영
책임편집 이수정 **디자인** 유미란 **책임마케터** 최혜진
콘텐츠개발5팀 이수정, 유미란, 김대한
전략기획팀 김상윤
마케팅본부 이주화, 정명찬, 최혜령, 최혜진, 최하나, 김선욱, 이승민, 김은지, 이수인
경영관리팀 허대우, 권송이, 윤이경, 임해랑, 김재경

펴낸곳 다산북스 **출판등록** 2005년 12월 23일 제313-2005-00277호
주소 경기도 파주시 회동길 357, 3층
전화 02-702-1724(기획편집) 02-6217-1726(마케팅) 02-704-1724(경영지원)
팩스 02-703-2219 **이메일** dasanbooks@dasanbooks.com
홈페이지 www.dasanbooks.com **블로그** blog.naver.com/dasan_books
종이 한솔피앤에스 **인쇄·제본** 갑우문화사

ISBN 979-11-306-1227-0 03190

다산북스(DASANBOOKS)는 독자 여러분의 책에 관한 아이디어와 원고 투고를 기쁜 마음으로 기다리고 있습니다.
책 출간을 원하는 아이디어가 있으신 분은 이메일 dasanbooks@dasanbooks.com 또는 다산북스 홈페이지
'투고원고'란으로 간단한 개요와 취지, 연락처 등을 보내주세요. 머뭇거리지 말고 문을 두드리세요.